J'achète (trop) et j'aime ça!

Catalogage avant publication
de Bibliothèque et Archives Canada

Boutin, Claude

J'achète (trop) et j'aime ça! :
êtes-vous une acheteuse intense, sensuelle ou raffinée ?

1. Magasinage - Aspect psychologique.   2. Magasinage -
Comportement compulsif.   3. Consommatrices - Psychologie.
I. Titre.

TX335.B68   2005   640'73   C2004-942030-5

Pour en savoir davantage sur nos publications,
visitez notre site: **www.edhomme.com**
Autres sites à visiter: www.edjour.com
www.edtypo.com • www.edvlb.com
www.edhexagone.com • www.edutilis.com

DISTRIBUTEURS EXCLUSIFS:

• Pour le Canada et les États-Unis:
MESSAGERIES ADP*
955, rue Amherst
Montréal, Québec H2L 3K4
Tél.: (514) 523-1182
Télécopieur: (514) 939-0406
* Filiale de Sogides ltée

• Pour la France et les autres pays:
INTERFORUM
Immeuble Paryseine, 3, Allée de la Seine
94854 Ivry Cedex
Tél.: 01 49 59 11 89/91
Télécopieur: 01 49 59 11 96
Commandes: Tél.: 02 38 32 71 00
            Télécopieur: 02 38 32 71 28

• Pour la Suisse:
INTERFORUM SUISSE
Case postale 69 - 1701 Fribourg - Suisse
Tél.: (41-26) 460-80-60
Télécopieur: (41-26) 460-80-68
Internet: www.havas.ch
Email: office@havas.ch
DISTRIBUTION: OLF SA
Z.I. 3, Corminbœuf
Case postale 1061
CH-1701 FRIBOURG
Commandes: Tél.: (41-26) 467-53-33
            Télécopieur: (41-26) 467-54-66
            Email: commande@ofl.ch

• Pour la Belgique et le Luxembourg:
INTERFORUM BENELUX
Boulevard de l'Europe 117
B-1301 Wavre
Tél.: (010) 42-03-20
Télécopieur: (010) 41-20-24
http://www.vups.be
Email: info@vups.be

Gouvernement du Québec – Programme de crédit d'impôt pou
l'édition de livres – Gestion SODEC – www.sodec.gouv.qc.ca

L'Éditeur bénéficie du soutien de la Société de développemen
des entreprises culturelles du Québec pour son programm
d'édition.

12-2004

Dépôt légal: 1er trimestre 2005
Bibliothèque nationale du Québec

ISBN 2-7619-2029-5

Le Conseil des Arts du Canada
The Canada Council for the Arts

Nous remercions le Conseil des Arts du Canada de l'aid
accordée à notre programme de publication.

Nous reconnaissons l'aide financière du gouvernement d
Canada par l'entremise du Programme d'aide au développemen
de l'industrie de l'édition (PADIÉ) pour nos activités d'édition.

Claude Boutin

J'achète (trop) et j'aime ça!

Êtes-vous une acheteuse intense, sensuelle
ou raffinée?

À Codou Khoussa, une acheteuse sensuelle et raffinée.
La plus adorable. Et ma préférée !

Introduction

Elle aime magasiner. Qui ? L'acheteuse.

Chaque jour apporte à l'acheteuse son lot de questions très *existentielles*. Doit-elle profiter du rabais sur les sous-vêtements maintenant ou risquer de voir cette aubaine s'envoler ? À ce prix, fait-elle mieux d'acheter une ou cinq bouteilles de shampoing ? Bien sûr, l'armoire de l'acheteuse en contient davantage que l'étalage en magasin, mais peut-elle savoir de quoi l'avenir sera fait ? Un quatrième foulard ? Bonheur ! C'est un Burberry soldé. Honnêtement, peut-elle ne pas sauter dessus ? Il y a de ces occasions qui ne reviennent pas. Mmmm... des souliers neufs. Tentant. Peut-elle en posséder trop ? Et puis, n'est-ce pas aux chaussures et aux accessoires que l'élégance d'une personne se reconnaît ? Ces questions semblent superflues, mais, quand elle part le matin à moins trente degrés, l'acheteuse doit s'entourer de superficiel, sinon elle se gèle... l'essentiel.

À faible dose, le magasinage permet de se relaxer, change les idées et fait passer un bon moment. Mais attention à la surdose. L'acheteuse sous l'emprise d'une passion dévorante pour le shopping ne voit plus clair et ses doigts se font plus rapides que sa raison. Elle agrippe et achète tout ce qu'elle ou ses proches peuvent désirer. Hop ! la montre, dans le sac de shopping. Hop ! la lingerie fine, les chaussures, les petits pots de crème, la bouilloire, les autocollants, dans le sac de shopping. Ouf ! Ça fait du bien, pense-t-elle... jusqu'à ce que les achats impulsifs lui fassent très mal.

Il n'y a pas lieu de s'alarmer devant un achat impulsif. Qui n'en fait pas ? Mais pour l'acheteuse qui désire diminuer ou maîtriser ses dépenses, aller à la source de l'impulsion des achats représente une démarche responsable. Ce livre présente une théorie nouvelle qui permet à l'acheteuse d'identifier les sentiments profonds qu'elle enfouit parfois bien au fond des sacs. Celle qui adhère à une hygiène de vie basée sur l'estime de soi, la joie de vivre et la paix du cœur appréciera la démarche proposée.

Si ce volume aide quelques acheteuses à reposer un article inutile sur le présentoir d'un magasin, il aura atteint son objectif. Maximiser le plaisir des achats tout en répondant à ses vrais besoins est une chose possible. Fini les conséquences négatives. Fini la culpabilité. Et bon magasinage !

Au fait, la lectrice a-t-elle reçu sa nouvelle *carte de répit* ?

Merci d'avoir acheté ce volume.

PREMIER RAYON
l'acheteuse

LE PLAISIR

L e but de gagner de l'argent n'est-il pas de prendre plaisir à le dépenser? L'acheteuse qui consomme selon ses moyens trouve dans le shopping des sources insoupçonnées de plaisir instantané ou durable.

Au rayon du plaisir instantané, il y a la découverte de ce petit rien si attendrissant: un crayon rose en forme d'autruche aux yeux qui louchent, pas plus cher qu'un muffin frais du jour. Oh! attention, juste à côté, et en promotion, se repose paresseusement un ourson qui supplie l'acheteuse de l'adopter. C'est un porte-clés miniature. Comment résister à ces petites douceurs? Devant ce dilemme, l'acheteuse doit trancher. Ourson ou autruche? Autruche ou ourson? Certes, l'acheteuse aime consommer, mais elle trouve dans le geste de donner une source de plaisir parfois plus grande encore. Voilà pourquoi elle s'arrête un instant avant de choisir l'*animal* susceptible de plaire à sa fille. Elle connaît à fond ceux qu'elle aime, elle n'hésite donc pas très longtemps. Cette fois, l'ourson l'emporte haut la main, mais ce n'est que partie remise! Au moment de payer l'ourson, l'acheteuse s'imagine les sourires et les gros câlins auxquels elle aura droit en arrivant à la maison. Elle ne bâcle pas ses achats. Non. Les gens qu'elle aime sont trop précieux et les émotions ressenties trop agréables. Et puis, honnêtement, ces petites attentions ne valent-elles pas de l'or ?

Au rayon du plaisir durable, il y a celui de dénicher le cadeau parfait pour la personne aimée. En passant devant le libraire, l'acheteuse se dit qu'un livre, à la condition d'être bien choisi, est un présent fort personnalisé. Si par malchance elle ne trouve rien d'intéressant sur place, l'acheteuse transforme sa séance de shopping en un match à finir. De boutique en boutique et de librairie en librairie, elle mettra le grappin dessus. Il faut l'admettre, elle est tenace et elle ne se limite pas aux sections qui l'intéressent. Elle peut, à titre d'exemple, passer de longs moments à comparer plusieurs livres de science-fiction, elle qui n'apprécie pas particulièrement ce genre littéraire. « Victoire ! J'ai trouvé ! » crie-t-elle intérieurement, convaincue que le livre choisi fera un malheur. Pendant un moment, elle s'oublie pour l'autre en rêvassant de l'effet que provoquera cette trouvaille. S'entremêlent alors plaisir et pensées amoureuses. L'acheteuse aime faire plaisir.

L'acheteuse est une amoureuse de la vie et de tout ce qui lui donne meilleur goût. Elle veut que sa vie et celle des gens qui l'entourent soient réjouissantes. Alors, elle cherche sans relâche ce qu'il y a de mieux, le petit extra qui fait la différence. Très vite, elle identifie ses désirs tout en sachant les combler. Si par bonheur résonne en elle l'alarme du chocolat, elle n'hésite pas à se rendre au marché, même s'il est loin, pour s'approprier le seul chocolat capable de maîtriser ce feu. Elle connaît ses goûts. Chocolat noir mi-amer, 70 % de cacao et sans sucre. Origine : Belgique. Destination : ventre connaisseur qui gargouille. En un clin d'œil, l'acheteuse repère ce qui lui fait plaisir. Quoi de mieux que le chocolat pour donner bon goût à la vie ?

La sensibilité de l'acheteuse à l'endroit des choses qu'elle affectionne est très développée. Elle repère facilement la bonne affaire, la qualité, le beau et le bon. L'acheteuse est en quelque sorte *victime* de son bon goût. À maintes occasions, elle croit posséder un don. Combien de fois dit-elle à la blague : « Je ne sais pas ce que j'ai, mais j'ai le don de toujours choisir le morceau le plus cher!» Ce n'est pas sans raison qu'elle éprouve de la difficulté à s'abstenir d'acheter : elle excelle dans l'art du magasinage. «Je le prends, je le prends, je le prends!»

Le shopping est une activité très plaisante pour l'acheteuse expérimentée. Cette dernière compare les produits entre eux, lit les étiquettes, vérifie les dates de péremption, teste la résistance des tissus, parcourt les circulaires, consulte les revues de mode, surveille les tendances en design intérieur, demeure vigilante aux soldes, etc. À la longue, l'acheteuse avertie développe une expertise dans les domaines qu'elle privilégie. Nul doute, c'est une experte du shopping à qui les *efforts* rapportent. Faut-il douter qu'à maintes reprises ses connaissances lui épargnent l'achat d'un vêtement exubérant loin de mettre en valeur les beautés de sa silhouette? Une acheteuse avertie en vaut deux!

L'expertise de l'acheteuse ne se limite cependant pas aux vêtements et aux chaussures puisque ses intérêts sont diversifiés. Bien que cela puisse sembler banal, remplir un panier d'épicerie relève d'un art que seule l'acheteuse maîtrise. Par exemple, elle sait qu'à deux coins de rue les mêmes céréales sont offertes à un dollar de moins. En plus de découvrir au toucher la mangue bien mûre, elle connaît par leur nom les diverses catégories de champignons. Entendre : «Prends n'importe quoi, ça va faire quand même!» la rend cinglée. L'acheteuse possède cette grande qualité d'être attentive aux détails.

Celle qui remporte le titre d'acheteuse se fait en général prévoyante dans ses emplettes et vigilante à propos des offres temporaires. L'acheteuse consacre généralement de son temps à survoler les circulaires et magazines de toutes sortes. Elle ne se limite pas aux articles soldés, mais pourquoi payer le prix courant quand elle peut obtenir des réductions? Elle aime maximiser chaque dollar dépensé. Hélas, l'acheteuse développe parfois une vision biaisée : elle ne se perçoit plus comme celle qui dépense, mais comme celle qui fait toujours des économies! Certaines diraient qu'elle se donne des raisons pour s'adonner davantage au shopping. Qu'elles se retiennent un peu avant de lui jeter la première pierre... à moins bien sûr qu'il ne s'agisse d'un chic diamant hollandais !

L'acheteuse aime les provisions et les armoires pleines. Elle affectionne l'abondance dont elle tire du plaisir et une certaine sécurité. À bien y penser, le café se conserve longtemps, pourquoi ne pas en faire provision lorsqu'une bonne affaire se présente ? De même, pourquoi attendre que sa fine lingerie soit usée avant de la renouveler ? Du haut de sa tour de contrôle, l'acheteuse surveille la descente des prix avant d'en constituer une bonne réserve. Il en va de même pour le savon. Elle n'attend pas d'en manquer, elle tire avantage des réductions. Bref, elle gère bien ses achats. Non seulement cela est normal, mais c'est une excellente façon de consommer. Comme un écureuil, elle repère les bonnes noix avant de les ramener à la maison. Et il lui arrive même d'en cacher quelques-unes ! Sans scrupule et dans la pénombre, une fois les enfants au lit, sur la pointe des pieds, elle accède, tout sourire, à sa gourmandise préférée. Elle le mérite bien !

Sans se rendre compte de tous les avantages qu'ils en retirent, les membres d'une famille aiment bien vivre avec une acheteuse responsable. L'acheteuse veille au moindre de leurs besoins, elle s'assure qu'ils ne manquent jamais de rien. Ils ont la chance de vivre dans une maison où il n'y a jamais pénurie de piles ! Quel bonheur ! N'est-il pas sécurisant pour l'entourage de l'acheteuse de savoir qu'une âme bienveillante s'assure de son bien-être ? Et quoi de plus agréable que de se faire offrir au dessert le petit nougat raffiné qu'une seule artisane vend à l'autre bout de la ville ? En réalité, les proches d'une acheteuse voient leurs désirs comblés avant même de ressentir le manque : les chanceux ! Et de surcroît, combien de transports inutiles, de recherche de stationnement, de stress, de temps perdu à faire la file ou à s'expliquer l'acheteuse épargne-t-elle à ceux qu'elle aime ?

Le retour à la maison de l'acheteuse est attendu avec impatience. À un point tel que, dès qu'elle pose les sacs sur la table de la cuisine, les mains se multiplient, luttent et puis s'arrachent les petits gâteaux, revues ou stylos de tous genres. Quelle joie ! Il existe presque un cérémonial de distribution qui décuple le plaisir de l'acheteuse témoin des oh! et des ah! exprimés par ses enfants et son conjoint. Elle trouve plaisant d'être complimentée sur ses courses. Sans conteste, une acheteuse responsable représente un atout majeur au sein d'une famille. Dans la mesure où la tâche du magasinage ne lui est pas imposée, c'est une *responsabilité* qu'elle aime bien assumer. Elle y prend plaisir. En ces circonstances, le shopping devient un jeu, un réel passe-temps qui s'accompagne d'émotions agréables.

Être témoin de la fonte des prix entraîne une montée d'émotions agréables en l'acheteuse. D'une visite au centre commercial à l'autre, elle espère qu'un manteau repéré précédemment sera offert à 30 ou 50 % de rabais. Sans hésitation, de semaine en semaine, elle retourne à la boutique, puis observe de loin où en est rendu *son* manteau. Certes, en attendant ainsi, elle encourt le risque de voir *son* manteau passer aux mains d'une autre, mais elle aime l'émotion que cela suscite. Victoire! Il reste un seul manteau, fait sur mesure pour l'acheteuse, maintenant soldé à 60 %! Cette fois, l'attente est récompensée. Il faut presque le vivre pour comprendre l'explosion de plaisir associée à une telle trouvaille. Chaque fois qu'elle le portera, elle en sera fière! Il est à parier que ce manteau figurera parmi ses vêtements préférés.

Porter un vêtement haut de gamme, payé à prix courant, est certes agréable. Mais les soldes de fin de saison, en plein cœur de janvier, ne laissent pas l'acheteuse de glace. À 20 % de rabais, elle reste calme, mais attention aux réductions allant jusqu'à 70 %. Un achat fait sous cette condition s'élève au titre de trophée et la lauréate oublie, pour un instant, le temps maussade et le givre qui n'en finissent plus. Ses bons coups lui procurent une fierté secrète et l'enivrent aussitôt. Le plaisir ne s'arrête pas là: «Et dire que certaines l'ont payé au prix courant!» pense-t-elle, heureuse et parfois même moqueuse. Pratiqué en hiver, le shopping est un sport d'endurance dont les atouts contrent souvent la déprime. Qui oserait en douter?

L'acheteuse d'expérience en veut toujours plus: «Pour recevoir, il faut demander!» Bien entendu, elle s'amuse à négocier le prix des choses. Une bonne affaire, c'est aussi cela. Faire baisser le prix, quel sport! Par conséquent, l'acheteuse préfère de loin parler directement à la propriétaire. Celle-ci peut, si elle y consent, offrir un rabais supplémentaire. Si pour une raison ou une autre la propriétaire demeure intransigeante sur le prix, l'acheteuse réussit tout de même à se faire offrir un article en prime. Il n'est que juste que les bonnes clientes soient récompensées, pense-t-elle. Sous-verres en prime et service de vaisselle chinoise en mains, l'acheteuse repart comblée de sa séance de shopping. Dans cette situation, la prime symbolise la réussite, la victoire. Rendue chez elle, l'acheteuse exhibe fièrement les sous-verres comme le pêcheur exhibe un poisson durement mérité. Que ce plaisir est doux…

À la réflexion, le plaisir du shopping semble illimité. Dans les boutiques de vêtements, l'acheteuse se prête avec grâce au rituel du *habille et déshabille*. Elle aime les salles d'essayage spacieuses où elle peut, le temps de refermer la porte, changer de personnage, devenir extravagante ou rire un bon coup d'un vêtement coupé d'une façon impossible: « Mais qui peut bien porter cela ? » L'acheteuse perçoit le magasinage comme un jeu. Elle ne veut pas d'un plateau argenté à motifs d'éléphants nains, mais elle s'amuse à le regarder ou à le critiquer. Elle s'amuse. C'est une touche-à-tout incroyable. Elle regarde, touche, rêvasse, critique, et tout cela en quelques secondes seulement. Un éclair passe.

Elle s'amuse!

Certains achats demandent toutefois qu'on s'en occupe tel un animal domestique. L'acheteuse ne s'en soucie pas sur le coup, mais l'entretien d'une robe de soirée implique un grand dévouement. Achat d'un savon pour les vêtements délicats, recherche d'un cintre de qualité, lavage à la main, prise des mesures et retouches chez le couturier, etc. Simplement énoncé, ça ne finit plus! Ces responsabilités et ces frais cachés comportent malgré tout des petits plaisirs.

Un achat en cache parfois d'autres! L'acheteuse aime que ses ensembles soient bien assortis. Nouvelle robe implique fine lingerie qui implique accessoires mode qui impliquent petits souliers et sac à main qui impliquent manteau long qui implique écharpe et gants nouveaux qui impliquent sortie au restaurant qui implique, qui implique, qui implique… « Ah non ! une autre sortie en vue ! Je ne peux pas m'habiller deux fois de la même façon, et en plus mes repousses se voient », pense-t-elle, presque emballée par la chaîne des emplettes à prévoir. L'acheteuse imaginative trouve facilement les endroits où *investir* son argent et les petits plaisirs font alors boule de neige.

Il est évident que la consommation ne se limite pas aux vêtements et aux vernis à ongles. Soirées branchées, cinq à sept décontractés, voyages à l'étranger, galeries d'art, restaurants en vogue, salons de beauté ou autres offrent tous des occasions de dépenses incroyables.

Au rayon de la consommation de grand luxe, quel plaisir plus intense y a-t-il que celui de se promener parmi les pièces de collection des grands stylistes ? Chanel, Saint-Laurent, Dior, Gucci, Prada, Versace, Burberry… Certains vêtements, de par la qualité de leur coupe et de leur tissu, sont de vraies œuvres d'art que seule l'acheteuse avisée peut apprécier. Celle qui s'offre le luxe des boutiques haut de gamme affectionne le seul fait d'être entourée de beauté. De plus, dans ce type de boutique, l'acheteuse fidèle reçoit des attentions peu communes. Qu'elle consomme ou non, tout est mis en œuvre pour assurer son confort et son bien-être. Dès son entrée en boutique, les plus gentilles salutations lui sont offertes. Eau gazéifiée, champagne ou amuse-gueule lui sont présentés spontanément. En moins de deux, sa conseillère vestimentaire vient la rejoindre. Bien entendu, elle connaît l'acheteuse par son nom et est au courant de ses goûts les plus intimes. Parfois complices, les deux femmes échangent des anecdotes plus mondaines les unes que les autres. Comment ne pas être charmée par tout ce faste et cet esthétisme ? Éclatant !

L'incroyable richesse affichée par d'autres clientes l'impressionne peu, mais elle fait parfois son envie. L'acheteuse aisée aime voir le tapis rouge se dérouler devant elle. Elle ne s'attend à rien de moins ! Toute discrète, dès son entrée en boutique, elle observe juste assez pour s'assurer qu'on la regarde. En revanche, elle s'amuse parfois à repérer l'accessoire usé ou dépassé qui trahit tant les acheteuses moins fortunées. Elle prend un malin plaisir à démasquer celles qui s'habillent de copies des grands couturiers. Les copies ne l'attirent franchement pas. Elle tire son plaisir de l'authenticité de ce qu'elle porte. Certaines acheteuses aisées préfèrent un style distinctif, une coupe particulière à une griffe ou un logo prestigieux : le style Jean-Paul Gaultier, même sans logo, se reconnaît facilement. Quoi qu'il en soit, celle dont l'ange gardien se nomme Chanel risque peu de se tromper. Il doit donc y avoir certains avantages à être riche.

Les dépenses de l'acheteuse aisée ne se limitent pas aux biens durables. Elle se délecte de voyages, de dîners mondains et de défilés de mode. Mais par-dessus tout, elle prend plaisir à les raconter. Elle aime parler de sa visite au restaurant *Le Chantecler* de l'hôtel *Negresco* lors de son voyage sur la Côte d'Azur. Rien de moins. Consommer représente une source puissante de plaisir et d'euphorie, mais la qualité se paye à gros prix. Un souper gastronomique dans un restaurant cinq étoiles suivi d'une nuitée dans un hôtel qui n'en comporte pas moins allège le portefeuille. Mais l'acheteuse aisée adore ces *petits* luxes et, après tout, elle en a les moyens. Pourquoi prendre le petit-déjeuner dans un restaurant quelconque alors qu'elle peut s'offrir la terrasse en bord de mer ? Ses achats la divertissent tout en l'aidant à conserver un certain prestige auprès de ces amis qui vibrent sensiblement aux mêmes choses. Il y a des plaisirs véritables associés aux grandes dépenses. Pourquoi s'en priverait-elle ?

Il va de soi que les acheteuses élégantes ne sont pas toutes fortunées. Cela ne les empêche pas d'afficher une recherche vestimentaire certaine, un grand souci du détail. L'acheteuse élégante acquiert les accessoires mode qui rehaussent son apparence sans qu'elle ait à se ruiner. L'élégance est avant tout une question de bon goût, pas de moyens financiers. Une minijupe Jean-Paul Gaultier *à la Madonna* portée par une femme d'âge mûr, ça frappe fort ! À l'inverse, un chemisier sobre de coupe régulière et de belle confection fait toujours bonne impression. Le plaisir, autant que l'élégance, n'est pas une question de prix. Les enfants en font souvent la démonstration : ils délaissent volontiers leurs jeux vidéo coûteux pour se lancer des sous-verres (reçus en prime !) qui n'ont rien de

cher. Pourtant, ça les amuse. Comme quoi le sel de la vie se retrouve parfois dans l'ordinaire, le commun ou le banal, et pas
besoin d'être millionnaire pour se le procurer.

Lorsqu'il est réalisé de façon responsable, le shopping constitue une source intarissable de plaisirs indirects. Les pauses-café
entre amis, les environnements grandioses, la découverte de villes
étrangères, la rencontre de gens exceptionnels, les rêves et la sensualité transitent occasionnellement par le magasinage. Devenus
naturels, l'achat et la vente, le troc ou le commerce sont omnipré-
sents depuis le début des temps. Il ne faut donc pas s'étonner que
plusieurs acheteuses fassent du shopping leur activité récréative
première. Elles ressentent un fort plaisir et une grande liberté à
magasiner. Le fusil en moins, certaines acheteuses se sentent
pareilles à des chasseurs en forêt. Elles aiment ça !

La relation étroite entre le shopping et le plaisir n'est plus à
démontrer. Cependant, l'acheteuse choisit-elle d'aimer le shopping ? Doit-elle se sentir coupable d'aimer magasiner, de prendre
plaisir à parcourir les allées des grands magasins ? Il semble que
non ! Choisit-elle d'aimer le sucre davantage que le sel ? Peu probable. Choisit-elle d'aimer les bonbons davantage que les croustilles ? Peu probable. Elle ne choisit pas d'aimer les choses qu'elle
aime. Elle aime ou n'aime pas le shopping. C'est tout simplement
comme ça. Ainsi, certaines personnes aiment collectionner les
feuilles mortes. Elles passent du bon temps à les ramasser, à les
insérer dans des encyclopédies, à les faire sécher. Elles s'amusent
à peu de frais. D'autres aiment acheter et acheter encore. Comme
quoi la nature offre la diversité !

Certaines femmes apprécient danser, lire, visiter les musées ou
négocier des actions. D'autres adorent marcher, visionner un bon film
ou simplement ne rien faire. De manière surprenante, au sein d'une
famille, les plaisirs sont très partagés. L'aînée adore la natation alors
que la cadette se dévoue corps et âme à la peinture. Papa ne peut
décoller le nez des nouvelles du jour tandis que maman est captivée
par le Net. Parfois, les sources de plaisir évoluent et se modifient avec
le passage du temps. Les croissants du pâtissier, qui faisaient saliver

toute la famille, ne présentent plus d'intérêt depuis que les dattes fraîches ont fait leur entrée dans la maison. Le plaisir est une émotion complexe, qui se transforme et dont le mystère n'est pas encore percé.

 On la surnomme affectueusement « la marmotte ». D'habitude, elle dort où et quand elle le veut. Même un film de Brad Pitt ne la tient pas éveillée deux heures d'affilée. Mais *la marmotte* est sur le point de craquer. Il faut qu'on la délivre. Elle ne ferme plus l'œil. Entre deux montres, Cartier et Patek Philippe, son cœur balance. Plutôt, il est sur le point de flancher! *La marmotte* a des fourmis dans les jambes, des papillons dans l'estomac. Toute la faune y passe! Elle doit pourtant se décider. Tic-tac tic-tac tic-tac. Hélas, elle les aime toutes les deux! Tic-tac tic-tac. Chaque tic lui donne le trac. Chaque tac lui donne un tic. *La marmotte* découvre, contre son gré, le plaisir de magasiner!

Le plaisir est une émotion. Le plaisir n'est pas un sentiment. À la différence d'un sentiment, une émotion se ressent par les hauts et les bas des réactions physiques. Ressentir une montée puis une descente des réactions du corps, en l'absence d'une activité physique, indique souvent le passage d'une émotion. Palpitations du cœur, tremblements des mains et rougeurs au visage, pour ne nommer que ceux-là, indiquent la présence probable d'une émotion: colère, plaisir, peur, honte, etc. En conséquence, l'acheteuse peut se sentir fébrile devant le comptoir des cosmétiques lorsqu'elle ressent la montée des réactions physiques en elle. Elle se sent euphorique en achetant la voiture de ses rêves. Pour un court moment, elle perd le souffle. Elle devient stressée dès l'instant où son gros orteil franchit la porte d'un magasin de chaussures. Elle ressent les tensions de son corps. Les émotions apparaissent pour ensuite disparaître.

Les émotions sont passagères. Elles montent puis redescendent. Bien entendu, l'intensité de l'émotion ressentie varie habituellement en fonction du coût de l'achat. L'achat d'un billet d'avion est davantage susceptible de créer de fortes réactions physiques que l'achat d'un chausson aux cerises. Pour l'acheteuse, la sensation de plaisir, cette émotion qui monte puis redescend, est très intense. Mais comment expliquer l'intensité des sensations de plaisir vécues par l'acheteuse ?

En toute logique, le plaisir naît de l'intérieur d'une personne. Il semble qu'il soit, en partie, attribuable à une substance biochimique du cerveau : la dopamine. L'image d'un feu d'artifice se rapproche assez bien du fonctionnement de la dopamine, qui permet aux cellules du cerveau de communiquer entre elles. La dopamine, responsable des sensations de plaisir, se compare à l'électricité qui circule dans les fils électriques. Lorsque les fils *se touchent,* il se produit une petite explosion de plaisir. L'acheteuse ressent cette montée de dopamine telle une drogue qui embrouille ses pensées. La dopamine joue un rôle important dans ce qu'elle décrit comme le *high* ressenti au moment de payer l'article convoité. C'est tout un feu d'artifice qui explose en elle ! Un court instant, sa vie devient multicolore. L'acheteuse ressent physiquement le plaisir du shopping. C'est une émotion qui monte puis redescend. Comme tous les feux d'artifice, l'émotion de plaisir ne peut pas durer très longtemps, mais elle en met plein la vue !

Une personne qui prend plaisir à faire de la plongée sous-marine vit des petites explosions, un petit feu d'artifice dans son cerveau au moment d'explorer les fonds marins. En contrepartie, une autre qui déteste la plongée sous-marine ne ressent pas ce petit feu d'artifice lorsqu'elle se retrouve sous l'eau. Elle n'en retire pas de plaisir. Au plus vit-elle l'inconvénient d'un masque trop embué et de palmes qui lui donnent l'air d'une grenouille malhabile ! La dopamine est en partie responsable du plaisir ressenti par l'acheteuse : elle se sent comme un poisson dans l'eau au moment de parcourir les allées des grands magasins.

En somme, le plaisir est une émotion normale, saine et essentielle. L'acheteuse le ressent par une montée, puis une descente de ses réactions physiques, qu'elle ne contrôle pas. Fait important à retenir, l'acheteuse ne choisit pas d'aimer le shopping. Elle n'est pas pour autant victime de son plaisir puisqu'elle peut résister à certaines envies d'acheter. Elle demeure toujours responsable de la quantité de biens qu'elle consomme. Mais comment expliquer qu'une acheteuse soit passionnée au point d'acheter de façon impulsive des choses qu'elle ne désire même pas ?

LA PASSION POUR LE SHOPPING

Qui n'a pas connu l'ivresse d'une folle passion amoureuse ? Cesser de vivre et ne penser qu'à l'autre. Le temps passe sans même se faire remarquer. Pas faim, pas sommeil. En manque de l'autre, on interprète tout signe, aussi anodin soit-il, comme l'avant-goût d'un grand amour. L'Amour. Dingue ! Dingue ! Tout devient si beau. On déménage s'il le faut. On se déracine et on s'envole. Le *besoin* de l'autre anéantit alors tout sens critique. Et cette perte momentanée de la raison s'accompagne d'une énergie quasi impossible à éliminer. La passion, la vraie, n'attend pas. Il se crée trop de dopamine au cerveau, trop de feux d'artifice qui explosent en même temps. C'est un volcan à l'intérieur de soi. Il faut agir et vite.

La passion dévorante est une réponse directe aux souffrances du cœur, aux manques profonds. Déformant la réalité, cette drogue naturelle du cerveau vous propulse au-delà du simple plaisir. Mais attention, la folle passion est une drogue à durée limitée qui fait des dégâts. Elle n'est pas avare de blessures. Sa chute est brutale. Et elle brûle souvent les ailes ! Qui n'a pas ressenti le goût amer du réveil, du retour à la raison ? Comment a-t-on pu s'amouracher de si peu ? Avec le temps, les ailes brûlées repoussent tant bien que mal et on redevient disponible pour une autre passion. Mais il faut le reconnaître, certaines personnes préfèrent, pour se protéger, arracher leurs ailes plutôt que de succomber encore une fois.

Prisonnière d'une passion destructrice pour le shopping, l'acheteuse ressent une fougue incontrôlable qui la pousse sans répit vers les magasins. Le shopping devient le centre de sa vie. Apparaissent alors les pires conséquences : renversement des valeurs, endettement, mensonges, dépression, insomnie, éclatement familial, perte d'emploi, faillite, fraudes, pensées suicidaires, etc. Cette passion dévorante, si coûteuse sur le plan émotionnel et humain, entraîne une grande dévalorisation de soi et un sentiment profond d'impuissance. L'acheteuse aux prises avec de telles conséquences négatives doit demander de l'aide. C'est une dépensière pathologique. Elle peut contacter un médecin, un psychologue, un travailleur social, un psychiatre ou une ACEF (Association coopérative d'économie familiale) près de chez elle.

Ce livre n'aborde pas directement le problème de la dépensière pathologique. Il traite plutôt de l'acheteuse désireuse de demeurer responsable dans sa façon de consommer. Il y a les passions qui nourrissent et les passions qui détruisent. La lecture, le sport, la peinture et le travail mènent à l'épanouissement d'une personne. Mais ils peuvent aussi la conduire à sa perte. Tout est question de bon dosage. Le terme *acheteuse*, utilisé ici, désigne donc toute femme en quête d'équilibre entre le shopping et d'autres activités. L'*acheteuse* reconnaît qu'elle pourrait développer un problème sans pour autant le vivre actuellement. Elle désire dépenser son argent à la mesure de ses moyens. Mais comme elle passe beaucoup de temps à faire du shopping, elle veut freiner ses ardeurs. L'*acheteuse* est en quête d'équilibre : elle désire réduire le nombre des achats impulsifs qu'elle fait.

L'acheteuse dont il est question dans ce livre possède généralement une personnalité teintée de passions. Ses expériences passées, son éducation et son milieu de vie ont grandement contribué à forger cette personnalité de femme passionnée. En réalité, une femme de passion est intense, authentique et engagée. Par conséquent, elle prend tout à cœur. Alors, une femme de passion peut-elle être différente en ce qui concerne le shopping ?

Une femme de passion

Faut-il en douter, une femme de passion possède plusieurs qualités et traits de personnalité qui la rendent charmante. Mais une mise en garde s'impose avant d'en donner une description. Il est rare que l'acheteuse possède tous les traits de la femme de passion énumérés ci-après. Une oui, l'autre non. Soit l'acheteuse exprime ouvertement son caractère passionné, soit elle le contient volontairement. La lectrice est donc invitée à porter son attention sur les descriptions qui lui ressemblent. Cela lui sera utile lorsque, plus loin, elle aura à définir son style d'acheteuse.

La femme de passion, généralement attachante, porte un fort désir d'être vraie et transparente. Chemin difficile s'il en est un ! Bien qu'elle connaisse les jeux de la manipulation sociale, elle s'y refuse puisqu'elle aspire à un monde vrai. Elle ne veut pas d'un monde où la paix s'achète à coups de mensonges et de stratégies. Les ruses lui déplaisent parce qu'elle est vraie. C'est une authentique. L'authenticité est au cœur de sa vie et de sa lutte. Elle constitue sa valeur première. Si bien qu'elle souffre et regrette parfois d'être *un livre ouvert* parmi tant de livres fermés. Dans un monde tel que le nôtre, une femme authentique éprouve forcément de la souffrance.

La fougue et la détermination d'une femme passionnée sont souvent mal interprétées des gens qu'elle côtoie. Impulsive, elle échappe certaines paroles perçues à tort comme de la mauvaise volonté. Mais en réalité, elle ne cherche qu'à transmettre sa passion. Et l'énergie de la passion la rend parfois catégorique. Elle désire être prise comme elle est. Sinon elle s'éloigne d'elle-même. Dans plusieurs occasions, il lui est préférable de bousculer les choses plutôt que de se taire : elle ne se résigne pas à faire semblant.

Avec le temps, une femme de passion risque de se sentir rejetée des gens qu'elle aime. Ce sentiment lui est terrible et la plonge dans une détresse profonde. Elle qui souhaite l'harmonie basée sur une relation vraie se retrouve en plein vide lorsqu'on la rejette. La femme de passion souffre parce qu'elle préfère les désaccords à l'indifférence, les pertes aux relations superficielles et la réalité aux mensonges. En somme, elle choisit la voie de la souffrance alors qu'il serait si simple d'acheter la paix. Pourquoi ? La femme de passion veut une vie vraie, une vie qui lui ressemble. Elle désire des relations profondes et des amitiés sincères. Demeurer authentique n'est pas de tout repos. Les gens vrais et les belles âmes souffrent.

La femme de passion se fait protectrice auprès des gens qu'elle aime et recherche surtout l'harmonie dans ses relations personnelles. Comme une tigresse, elle est prête à griffer quiconque s'en prend à son entourage. Plus elle est passionnée, plus elle pourrait se battre tellement les siens lui sont précieux. La femme de passion défend férocement ceux qu'elle aime. Mais en même temps, elle déteste les chicanes et les malentendus. Les relations humaines difficiles représentent son pire calvaire : peu de choses la rendent plus malheureuse.

La femme de passion s'implique à fond dans toutes ses relations interpersonnelles. Forcément, le gris fait place au noir ou au blanc. Elle aime ou elle déteste. La femme de passion est une fusionnelle. Hélas, il lui arrive de se perdre en l'autre. Elle a parfois de la difficulté à admettre les besoins différents de l'autre personne. Cette différence, elle la ressent telle une trahison. De la même manière, elle fait difficilement la coupure entre sa vie personnelle et sa vie professionnelle. Partout, son investissement affectif est total. Puisqu'elle est très généreuse, ses attentes envers les autres sont également très élevées. Par conséquent, il est facile de se représenter les déceptions d'une femme aussi entière.

«Suis-je aimable? Suis-je correcte? Pourquoi vivre? Quel est le sens de ma vie?» figurent parmi les questions qui hantent la femme de passion. Cette dernière désire évoluer, devenir une meilleure personne. Aimante, elle cherche la connexion vraie et les relations teintées d'amour. Elle y dépense donc une énergie incroyable. Et de l'énergie, on l'a vu, elle en a! Elle se compare parfois au petit lapin Energizer… celui dont la pile dure…. jusqu'à ce qu'elle s'épuise. Il est vrai que son combat pour l'authenticité et sa quête de relations intenses finissent parfois par lui saper son énergie. De plus, la vie lui envoie ses coups durs et met sur sa route des personnes qui un jour la trahissent ou la rejettent. Les déceptions de la vie s'accumulent et la femme de passion, en pleine désillusion, risque de sombrer dans une période de déséquilibre affectif. Elle se sent alors déprimée, abandonnée ou rejetée. Bref, elle se sent perdue. Le vide. Rien.

La femme de passion est *très exigeante* envers elle-même. Du coup, elle se culpabilise la plupart du temps. Elle se sent responsable de tout. Sauf, bien évidemment, de ce qui va bien. Alors, en réaction à ce qui va mal, elle s'implique davantage pour s'améliorer comme personne : elle s'en prend à elle-même. En contrepartie, elle a peine à contenir sa colère devant l'absurdité des choses. Le manque de jugement des autres l'irrite royalement. Mais la femme de passion est d'abord et avant tout une combattante. Elle possède une grande résilience, c'est-à-dire une capacité de rebondir, de retomber sur ses pattes. Devant l'adversité, elle ne se laisse pas abattre tant elle est remplie de ressources. Elle arrive à s'extraire des pires difficultés.

Souffrante, la femme passionnée succombe parfois aux activités favorisant la fuite. La nourriture, la chirurgie esthétique, le sport, la vitesse en voiture, le tabac, le jeu, le sexe, l'alcool, les drogues, Internet, les jeux vidéo, les tatouages et les achats deviennent attirants pour celle qui souffre. Puis un jour, sans le rechercher consciemment, elle fait un achat qui l'apaise. Fidèle à elle-même, la femme de passion risque de se laisser séduire par cette nouvelle aventure libératrice. Sa fuite des émotions fonctionne. Du moins, à court terme.

Par le biais du shopping, la femme de passion fuit un bref instant ce qui la poursuit de l'intérieur : le mal qu'elle ne perçoit pas toujours consciemment. Le shopping lui permet d'interrompre ou d'empêcher la montée des émotions désagréables en elle. Mieux encore, il les remplace par des émotions agréables de fierté, de plaisir ou d'apaisement. Très vite, la femme de passion apprivoise une façon simple de modifier volontairement ses émotions. Peu à peu, elle s'entiche des émotions qui la rendent fière, qui lui font plaisir ou qui l'apaisent un peu. Exactement comme le fait un médicament ou un anxiolytique, ses achats la calment. Presque attirée comme un aimant, elle perd progressivement la maîtrise de ses achats. Avec le temps, elle retourne de façon automatique vers le shopping. Ses impulsions l'incitant à acheter gagnent en force. Elle fait de plus en plus d'achats impulsifs.

LES ACHATS IMPULSIFS

Certains spécialistes en psychologie utilisent le terme *impulsion* pour décrire la pression intérieure ressentie par l'acheteuse au moment de faire son shopping. Mais qu'est-ce au juste qu'une impulsion ? Selon *Le Petit Robert*, impulsion signifie notamment *pousser vers*. Action de pousser. Ce qui pousse. Cette définition rend bien compte de l'émotion d'urgence que ressent l'acheteuse. Tout à l'intérieur d'elle la contraint, la pousse à acheter. En psychologie, l'impulsion se définit comme étant une énergie, une excitation ou une tension du corps qui entraîne une personne vers quelque chose, un but précis. Parce qu'elles sont essentielles à notre développement, les impulsions se retrouvent dans toutes les sphères de la vie. L'impulsion crée ce petit déséquilibre intérieur qui pousse une personne vers l'action. En langage familier, on dit avoir *une rage*. Une rage de sucre, de sel, de chips, de liberté, de connaître, d'apprendre, etc.

Pour bien se représenter l'importance des impulsions, on n'a qu'à s'imaginer une vie sans elles. Jamais de rage de sucre ni de sel. Jamais l'envie d'aller dehors. Jamais l'énergie de faire du sport. Jamais le désir d'inviter ses amis. Une vie sans impulsion mène rapidement à la passivité et au désespoir. Attendre que le temps passe, voilà où conduit le manque d'impulsion. L'absence totale d'impulsion est davantage un signe de maladie mentale, de dépression. Mais il semble que les impulsions vont et viennent, apparaissent et disparaissent, s'intensifient ou s'atténuent, tout au long d'une vie. Le temps à lui seul offre donc un bon espoir de rétablissement pour toute personne en manque ou en surplus d'impulsions.

L'impulsion est ce petit ressort qui met du piquant dans la vie.

Lorsqu'elle peut en profiter martini aux lèvres et chaussures de soirée aux pieds, c'est la Martha Stewart de la nature! Les hôtels en bordure de mer, les auberges cossues et les spas sur lac lui rendent la nature sympathique. Mais quelle mouche a bien pu la piquer? En ce jeudi de pluie, elle décide de changer sa vie et de s'équiper pour le camping sauvage (!). Briquettes de charbon, cannette de Raid, brûleur, sac de couchage et tente ultramoderne seront livrés chez elle cet après-midi, sans faute. Lorsqu'elle aime, chaque fois c'est pour la vie... et ça presse! On s'en doute, la principale mouche qui l'a jamais piquée résiste au Raid: c'est l'impulsion qui incite à acheter!

Comme les cheveux, la quantité des impulsions est inégalement répartie entre les femmes. Certaines possèdent une chevelure garnie, puissante et résistante. D'autres présentent plutôt une chevelure clairsemée, fine et cassante. En comparaison, certaines femmes sont continuellement tenaillées par les impulsions du shopping. D'autres, en revanche, n'en ressentent que très peu. Les impulsions qui incitent à acheter ne se manifestent pas avec la même force ni avec la même fréquence chez toutes les acheteuses.

À un bout de l'éventail, certaines femmes affirment ne jamais ressentir l'impulsion à faire des achats. Difficile à croire. On dirait qu'il leur manque le gène du shopping! Par exemple, ces femmes ne magasinent que très rarement. Lorsqu'elles le font, elles s'appliquent à combler un besoin criant. Ces acheteuses, qui n'en sont pas vraiment, entrent puis sortent d'une boutique sans observer autour d'elles. Elles ont besoin d'une paire de chaussures. Elles en essaient. Elles les paient. Elles s'en vont. Pas de grand plaisir. Pas d'émotion particulière. Elles viennent, tout bonnement, de se libérer d'une corvée.

À l'opposé, il existe une acheteuse qui vit pour et par le shopping. Elle a toute une chevelure d'impulsions. Elle en a très épais. De façon amusante, on dit que c'est la Farrah Fawcett ou la Tina Turner du magasinage! Cette dépensière pathologique, passionnée à l'extrême, fait du shopping le centre de sa vie. Toutes ses énergies y passent : elle orchestre sa vie en fonction du shopping. Pour elle, c'est un sport, un art, une obligation, un hobby, une détente, un champ de spécialisation ou de bataille, mais par-dessus tout, une obsession. Par conséquent, cette passion dévorante ne lui laisse de répit que par courts moments. On la retrouve donc partout, sauf chez elle. Pourtant, de graves conséquences attendent au détour cette dépensière pathologique.

Évidemment, il y a toutes ces femmes qui présentent une chevelure d'impulsions ni trop fournie ni trop claire. En termes d'impulsions, cela veut dire qu'elles ressentent à bon dosage les envies du shopping. L'acheteuse de cette catégorie aime magasiner, mais elle n'en fait pas le centre de son univers. Elle est disposée à faire des emplettes dans la mesure où cela ne crée pas de conflit avec ses autres occupations. Certes, elle ne se fait pas prier pour magasiner, mais elle sait dire non à un article superflu. Cette acheteuse ne voit pas le shopping comme une corvée ; elle aime cela à l'occasion. Mais elle comprend l'importance de diversifier ses loisirs. Elle alterne alors entre plusieurs activités qui la valorisent, l'amusent ou la calment un peu. Bref, dans un monde idéal, ce type d'acheteuse responsable possède le bon dosage d'impulsions.

En somme, les impulsions sont des *rages* qui fournissent l'énergie nécessaire aux mouvements. Inégalement réparties entre les acheteuses, les impulsions frappent avec une force variable. L'acheteuse n'est pas responsable de la quantité d'impulsions dont elle a hérité. La culpabilité, à ce chapitre, est inutile. Mais pourquoi les impulsions provoquent-elles un sentiment d'urgence si grand ? Une impulsion *entraîne vers…* mais vers quoi, au juste ?

 Enfin prête pour la Mikli ! Cette phrase magique prononcée par la vendeuse vient de déclencher la montée d'une violente impulsion. En entrant chez l'optométriste, l'acheteuse n'avait même jamais entendu parler d'Alain Mikli et de ses montures originales. Elle s'assoit, essaie la Mikli, puis elle doute un peu. Les lunettes multicolores lui donnent l'air d'un citron. Mais on lui répète qu'elle est prête pour la Mikli !

Elle qui venait simplement se procurer un banal linge servant au nettoyage des verres antireflets, elle repart avec une facture de 740 $. Évidemment, deux semaines plus tard, elle se débarrasse de ses lunettes citronnées. Elle n'était visiblement pas prête pour la Mikli !

Malheureusement, l'impulsion *entraîne vers* des achats qui ne répondent pas toujours aux besoins véritables de l'acheteuse.

Elle entre le nez en l'air, le pas décidé ! Mais rapidement elle abaisse le menton. Plus vite encore, elle écarquille les yeux. Elle vient de croiser l'affiche promotionnelle des produits Biotherm : avec tout achat de 60 $ et plus, des échantillons de crème et un petit sac de maquillage cyan lui sont remis. Voilà ! Elle qui venait récupérer un colis (!) à la pharmacie se retrouve prisonnière d'une impulsion. Tout en elle s'active et l'excite un peu. Pour 60 $, de quoi peut-elle avoir besoin ? La question ne demeure pas sans réponse longtemps : lotion clarifiante, antipoches, anticernes, masque purifiant équilibrant, gelée nettoyante clarifiante, gel exfoliant, masque peau nette, crème de jour et l'indispensable crème de nuit. Plus légère de 540 $, l'acheteuse vient de succomber à une impulsion. Rendue chez elle, elle contemple ces petites merveilles avec soulagement. Ultra-hydratée, le soir venu, elle se met au lit. Après tout, les anges n'ont pas de rides, pense-t-elle !

Afin que l'impulsion puisse *entraîner vers* les achats, elle doit avoir une certaine intensité, exercer une certaine pression. L'image la plus éloquente de l'intensité d'une impulsion demeure la pression à l'intérieur d'une cocotte-minute (autocuiseur). Sur feu vif, la cocotte-minute contient une vapeur captive qui crée en retour une pression incroyable. Cette pression incite alors la cuisinière à éteindre le feu puis à graduellement retirer le bouchon. Sinon, le pire peut se produire. L'impulsion de l'acheteuse agit telle la vapeur à l'intérieur d'une cocotte-minute.

L'impulsion de l'acheteuse : la vapeur dans une cocotte-minute

L'acheteuse n'a évidemment pas de bouchon par l'entremise duquel elle peut évacuer la pression qu'elle ressent pour acheter. Alors, sous l'emprise d'une impulsion qui l'incite à faire des achats, la fébrilité gagne l'acheteuse. Les «j'en ai besoin», «je le mérite», «je ne dépense pas tant que ça», «j'aurai l'air pauvre si je ne l'achète pas», «je ne peux pas déranger la vendeuse pour rien», etc., alimentent le feu et la pression. L'urgence, le 9-1-1 de l'achat, est maintenant créée. L'acheteuse doit pourtant faire quelque chose pour se libérer de cette pression. Combien de temps pourra-t-elle tenir ?

En pleine urgence, l'acheteuse se rabat sur ce qui fonctionne vite et bien : s'approprier ce dont elle *a besoin*. Le moment de payer l'article correspond étrangement à la période où le bouchon sur la cocotte-minute se met à osciller, à émettre des *pschht pschht pschht*. À ce moment précis, l'acheteuse ressent la plus vive des émotions. En apposant sa signature au bas du relevé de transaction, elle provoque une libération de la pression et du sentiment d'urgence. Le temps est venu de prononcer le «ouf !» si libérateur. En somme, cela représente assez bien le mécanisme par lequel fonctionne une impulsion.

En créant une pression trop intense, une urgence, l'impulsion pousse l'acheteuse à s'en libérer par le biais d'un achat. Une fois qu'elle a l'article en main, la pression intérieure se régularise progressivement. L'acheteuse retrouve peu à peu son calme. Calme qui ne dure malheureusement pas. En payant le parfum qui lui fait envie, elle retire graduellement le bouchon de la cocotte-minute. Mais elle ne s'attarde pas à ce qui a provoqué son impulsion. Pourquoi avait-elle tant besoin d'un parfum ? Elle oublie de s'intéresser à la cause de ses impulsions. Puisqu'elle ne s'attaque pas à la source profonde de sa pression intérieure, la cocotte-minute demeure sur le feu. Forcément, elle verra réapparaître les impulsions.

L'acheteuse, en pleine *urgence,* fait ce qui la calme vite et bien : elle achète et achète encore. Un peu comme si elle voulait éteindre un feu avec sa propre salive. Sans qu'elle le réalise, les brefs moments de répit qu'elle s'accorde alimentent et renforcent le feu qui la brûle. L'acheteuse, en mal de solutions efficaces, multiplie alors ses achats impulsifs. Mais, aussi agréables qu'elles soient, les émotions liées au shopping restent éphémères. Et la réalité renvoie parfois l'acheteuse à ses sentiments profonds d'insatisfaction, d'ennui ou d'insécurité. Au fond, se peut-il que le sac de shopping d'une acheteuse s'emplisse de façon à étouffer des sentiments profonds dont elle n'a pas toujours conscience? Les sentiments profonds sont-ils en cause dans la formation des impulsions qui incitent à acheter? Que recèlent vraiment les sacs de shopping d'une acheteuse?

DEUXIÈME RAYON
dans ses sacs de shopping, il y a...

De toute évidence, les sacs de shopping ou le panier d'une acheteuse contiennent davantage que des chaussures et des vêtements. Mais qu'y a-t-il au fond de ces sacs qui force l'acheteuse à consommer de façon impulsive ? Comment se fait-il que les articles en magasin l'*emportent* sur l'acheteuse, même lorsqu'elle s'efforce de ne pas dépenser ?

De la même façon qu'une personne au régime flanche devant les croustilles ou les biscuits, l'acheteuse succombe aux impulsions. Elle finit par leur céder. Cet exemple traduit la force avec laquelle l'acheteuse est attirée par le shopping. Il y a forcément quelque chose au fond des sacs de shopping qu'elle ne voit pas, quelque chose qui cause le retour de ses impulsions. Et si ce n'était pas une question d'émotions ?

Les sentiments profonds agissent tel un courant marin : ils passent inaperçus aux yeux de l'acheteuse, mais ils regorgent d'une puissance insoupçonnée. L'acheteuse ne les voit pas plus qu'elle ne les ressent vraiment. Mais aussi discrets qu'ils soient, les sentiments profonds représentent la source probable où toute impulsion puise son énergie. Sous les fixatifs à cheveux, les revues et les bijoux se cachent parfois de profonds sentiments négatifs. Plus puissants qu'un aimant, les sentiments négatifs captent les dépendances les plus accrocheuses.

Mais, attention, les sentiments profonds ne sont pas des émotions. Ils ne se manifestent pas par des réactions physiques qui apparaissent puis disparaissent. Ni vraiment agréables ni vraiment désagréables, les sentiments profonds passent généralement inaperçus aux yeux d'une personne. Ainsi, l'acheteuse ne les perçoit pas au fond de ses sacs de shopping. Pourtant, ils sont bien là ! (Tout un chapitre, « Quatrième rayon : émotion ou sentiment ? », est consacré à différencier les sentiments des émotions.)

 Le *bien* consommé impulsivement cache souvent un *mal* intérieur, un sentiment profond et négatif. Les sentiments profonds ne se ressentent pas physiquement par une montée et une descente de réactions physiques.

Les sacs de shopping d'une acheteuse regorgent parfois de sentiments négatifs qu'elle ne perçoit pas consciemment. Les sentiments d'insatisfaction, d'ennui et d'insécurité ne sont pas ressentis par l'acheteuse telle une violente colère ou une puissante crise de larmes. Au contraire, les sentiments profonds sont peu bruyants, mais combien dévastateurs lorsqu'ils sont négatifs.

LES SACS DE SHOPPING DE L'ACHETEUSE

Sentiment d'insatisfaction

Sentiment d'insécurité

Sentiment d'ennui

Telle l'humidité qui envahit le sous-sol d'une maison, les sentiments négatifs s'attaquent à la base, à la fondation même d'une personne. Et plus la base est fragile, plus la personne s'attire des problèmes. Elle capte alors tout ce qui s'impose comme solution rapide : sexe, alcool, nourriture, jeu, achats, etc. Les sentiments profonds d'insatisfaction, d'ennui et d'insécurité prédisposent toute personne à développer une dépendance, quelle qu'elle soit. Très vite, ces sentiments profonds se retrouvent ensevelis sous les emplettes bien au fond des sacs de shopping de l'acheteuse.

Certaines personnes malchanceuses sont naturellement fragiles à la maladie physique. On se demande presque si elles font une mise de côté sur le prochain virus à la mode. Dès qu'il est disponible, elles sont toujours les premières à l'*avoir*! Évidemment, certaines habitudes de vie fragilisent la santé. S'adonner à la cigarette, à l'alcool, aux gras saturés, au sucre, au sel et à la sédentarité augmente les risques pour une personne de *capter* une maladie. En un sens, ce sont des *capteurs* de maladie physique. En comparaison, il existe des capteurs de dépendance qui rendent une personne davantage à risque de *capter* une dépendance. Réduite à faire certains achats impulsifs, l'acheteuse possède-t-elle des *capteurs de dépendance* responsables de sa vulnérabilité?

LES CAPTEURS DE DÉPENDANCE

Par les pleurs, un bébé exprime souvent un manque. Son état de dépendance est total. Il est en manque de ses parents. Il ne peut pas vivre sans eux, c'est plus fort que lui, il en a besoin. La dépendance est cet état de manque qui doit être comblé à tout prix. Le manque de la personne alcoolique l'entraîne vers l'alcool, le manque de la joueuse l'entraîne vers le jeu et le manque de l'acheteuse l'entraîne vers les achats.

À la page 56, la photo du petit phoque plongeant dans une piscine représente le manque ressenti par l'acheteuse. La lectrice est invitée à observer la photo de ce petit phoque un court instant avant de poursuivre sa lecture.

À la page 56, que représente le petit phoque pour la lectrice?

Ici, le manque est bien réel. Par malheur, la photo de ce petit phoque n'existe pas. Il ne sert donc à rien de la chercher. Mais, en présence d'un manque, il se produit une réaction spontanée.

La personne se met à chercher dans tous les sens. Elle doit combler ce vide, trouver une réponse à l'inconfort qu'elle ressent. En tombant par hasard sur le shopping, la personne en manque *croit trouver* un début de solution à ses tourments. Les émotions agréables liées au shopping lui font oublier les manques un court instant, mais jamais elles ne les comblent.

Toute personne aux prises avec des sentiments profonds et négatifs risque de développer une dépendance. Les sentiments négatifs d'insatisfaction, d'ennui ou d'insécurité créent un vide incroyable dans le cœur d'une personne. La plupart du temps, celle-ci cherche à combler ce manque par des émotions agréables et superficielles. Mais elle fait fausse route. C'est ainsi que les émotions éphémères qu'une activité procure sont perçues à tort comme des solutions à des sentiments profonds et négatifs. En recherchant les émotions agréables du shopping, l'acheteuse succombe sans le savoir à ses capteurs de dépendance. En réalité, elle n'est pas en manque d'émotions agréables ou extrêmes, elle est sûrement en manque de sentiments profonds et positifs.

La personne guidée par des sentiments négatifs devient avide des émotions agréables qui lui sont proposées. Ce faisant, elle capte les passions et les dépendances les plus accrocheuses. Les sentiments profonds d'insatisfaction, d'ennui et d'insécurité représentent les capteurs de dépendance. Ces trois sentiments profonds et négatifs sont en cause dans le développement des dépendances de toutes sortes.

LES SENTIMENTS NÉGATIFS

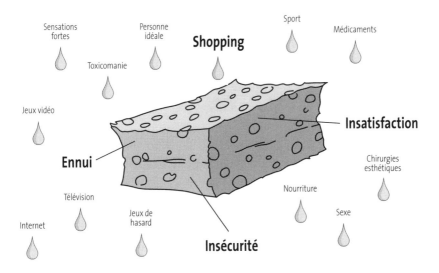

Sensations fortes

Personne idéale

Shopping

Sport

Médicaments

Toxicomanie

Jeux vidéo

Insatisfaction

Ennui

Chirurgies esthétiques

Télévision

Nourriture

Internet

Jeux de hasard

Sexe

Insécurité

En comparaison, les sentiments profonds d'insatisfaction, d'ennui et d'insécurité agissent telle une éponge sur les activités qui favorisent la fuite. Et une personne dont les sentiments profonds sont négatifs voit sa vie dictée par la recherche d'émotions agréables de toutes sortes. L'alcool, Internet, le shopping, pour ne nommer que ceux-là, ont cette capacité de provoquer des émotions agréables. En revanche, lorsqu'ils sont consommés à l'excès, ils aggravent les sentiments négatifs et laissent un vide, un manque qui n'a de cesse de grandir.

Voici un exemple pour mieux saisir la portée d'un sentiment profond. Après avoir dessiné un point noir sur une feuille dont le fond est blanc, une personne est invitée à décrire ce qu'elle y voit.

« C'est une poignée de porte. »

Cette personne a-t-elle raison ? D'une certaine façon, oui. Mais que répond-elle si ce même point noir est dessiné sur une feuille dont le fond est noir ?

« C'est une fenêtre et il fait nuit. »

À la suite de cet exercice, il est évident que le fond blanc ou noir de la feuille de papier joue un rôle puissant sur ce que voit la personne. Le fond change tout. Il en va de même pour les sentiments. Les sentiments profonds changent tout. Ils représentent la trame de fond de la vie. S'ils sont noirs ou négatifs, ils nous empêchent d'aimer la vie pour ce qu'elle est. Les sentiments négatifs provoquent des émotions désagréables, laissant une impression de manque. Dès lors, les activités qui modifient positivement les émotions, comme Internet ou le shopping, servent illusoirement à combler les manques.

Les sentiments profonds d'insatisfaction, d'ennui et d'insécurité captent les dépendances. En réalité, ils se terrent tout au fond des sacs de shopping de l'acheteuse qui consomme trop. Il importe alors, en toute logique, de leur consacrer une attention particulière. Mais en quoi chacun de ces sentiments profonds consiste-t-il ?

Le sentiment d'insatisfaction

L'acheteuse recherche l'équilibre par le biais des émotions agréables mais éphémères que lui procurent ses diverses emplettes. Sans le réaliser, elle combat un sentiment négatif, une trame de fond quelque peu noircie. Son désir d'équilibre est bon et il est normal pour tout être humain de souhaiter le réaliser. Toutefois, les émotions de fierté, de plaisir ou d'apaisement qu'elle retire du shopping ne changent en rien ses sentiments négatifs. Les émotions sont superficielles alors que les sentiments sont profonds. Puisque la quête d'équilibre de l'acheteuse se solde chaque fois par un échec, son insatisfaction s'accentue au rythme de ses achats. Le cycle *achat – émotion agréable – échec* augmente son sentiment d'insatisfaction. Rien ne suffit, rien ne fait, tout est trop peu ou à peine suffisant pour la personne aux prises avec un sentiment profond d'insatisfaction. En conséquence, les bons coups passent inaperçus à ses yeux tandis que les mauvais s'incrustent et la hantent. Incapable de *se reconnaître* à sa juste valeur, elle se fait prisonnière du regard des autres, puis elle repousse toujours plus haut ses critères d'excellence ou son perfectionnisme. Que d'efforts sont ainsi déployés afin de ne pas laisser transparaître de faiblesses! Rapidement, elle développe des émotions désagréables de colère, de frustration, d'envie ou de tristesse. Et sa plus grande déception, c'est parfois elle-même.

 Lorsqu'elle se promène sur le trottoir, le logo prestigieux bien en évidence, elle ne voit plus les gens, convaincue que les autres la regardent, la jalousent ou l'estiment. Obsédée qu'elle est par la griffe de prestige Gucci, Jean-Paul Gaultier, Hermès ou Lanvin, elle a peine à se concentrer : la griffe est-elle bien visible ? Même sous la pluie, elle ne l'oublie pas. Elle tourne et retourne le parapluie jusqu'à ce que le petit signe distinctif se voie. Pas un seul piéton qui la croise devant ? Vite le logo en arrière ! Piétons en vue de front ? Vite le logo en avant ! En vérité, elle peut bien tourner son parapluie telles les hélices d'un hélicoptère, il ne la fera jamais s'élever.

Le sentiment profond d'insatisfaction que porte cette acheteuse la rend dépendante du regard des autres. Insatisfaite et pas du tout impressionnée par sa vie, elle obtient par ses achats des émotions passagères de fierté qui ne la font jamais s'élever. Au fond, elle se voit toute petite.

Elle aime jouer à l'acheteuse aisée, frimer un peu. Elle sort de chez elle avec de beaux sacs griffés pour faire son shopping. Dès qu'elle entre dans un magasin, elle s'informe, l'air convaincu et pas du tout impressionnée, du prix d'articles qui pourtant ne l'intéressent pas d'emblée. Elle aime toucher le cuir des sacs à main et connaître le coût des choses. Mais, avant tout, elle joue à projeter l'image d'une acheteuse aisée. Malheur! Une vendeuse familière lui offre un sac à main à un prix ridiculement bas. Une seule pensée envahit l'esprit de l'acheteuse : «Flûte! Je n'ai plus le choix!» Sous l'emprise de *pensées* qui la font *dépenser,* elle fait un achat impulsif.

Pour ne pas ressentir la montée d'une émotion de honte, l'acheteuse *piégée* s'empare rapidement du nouveau sac à main. L'émotion désagréable de la honte rend tout petit par son jugement d'humiliation : «Je suis ridicule, méprisable, lâche.» Alors, les autres paraissent plus grands que nature et leur regard devient insupportable. La personne honteuse désire littéralement fondre, convaincue de valoir moins que les autres ou de mériter leur mépris. En toute logique, elle doit se couper de cette émotion désagréable. Inconsciemment, elle s'impose alors la perfection et l'image de la réussite. Elle désire impressionner ceux dont elle redoute le jugement. Par conséquent, elle n'a pas d'autre choix que d'élever ses attentes personnelles, de devenir performante et de miser sur les apparences. Bien entendu, elle en retire certains avantages. Mais l'autodiscipline et les sacrifices qu'elle fait aggravent parfois son sentiment d'insatisfaction. Alternent alors en elle toutes sortes d'émotions désagréables comme la colère, la honte ou l'envie. Émotions désagréables qu'elle calme par le biais de ses emplettes.

 Issue d'une famille aisée, elle est insatisfaite de sa vie. Elle gagne moins que ne le faisait sa mère. Elle ne peut s'offrir les vêtements qu'elle désire. Elle n'a pas encore de conjoint. Elle ne peut rouler dans la voiture rutilante de son choix. Elle se prive des restaurants en vogue. Bref, son bilan de vie se résume en un seul mot : échec. Tiraillée par l'envie, c'est à coups de frustrations qu'elle dépense au-delà de ses moyens. Cela lui fait du bien. Arrivée seule à un cinq à sept, elle se sent idiote, sans intérêt et si petite. Elle offre alors une tournée pour chasser cette émotion désagréable. Comme il se trouve toujours des goélands pour s'accaparer les choux gras qu'elle lance à tout vent, elle se retrouve rapidement dépouillée. Pensive, et se mirant dans un verre vide, elle croit bien mériter le gros nez déformé qu'il lui renvoie !

Envahie par l'insatisfaction, l'acheteuse perd de plus en plus la maîtrise de ses achats : elle ressent de plus en plus d'impulsions. Dans son désir de les repousser, elle tente en vain de se contrôler à *coups* de volonté. Comme si les coups réparaient les manques ! Combattre l'insatisfaction par la maîtrise de soi devient sa devise, son désir le plus cher. Elle entretient alors un discours intérieur comme celui-ci : «Je n'ai pas toujours été comme ça. Avant, j'étais capable de me retenir. Il n'est pas normal de perdre la maîtrise à ce point.» Celle qui combat, sans le savoir, un sentiment profond d'insatisfaction s'impose la réussite en se retirant le droit à l'erreur. Du coup, son sentiment d'insatisfaction ne rate plus une occasion, il se nourrit de ses échecs à vouloir se maîtriser. Plus elle se dévalorise et s'en veut, plus le sentiment d'insatisfaction s'enracine.

L'acheteuse, qui éprouve un sentiment profond d'insatisfaction, sombre dans la tourmente du manque, de l'envie ou de la frustration lorsqu'elle ne peut s'adonner à son shopping. Par conséquent, elle a peine à attendre aux portes tournantes des grands magasins : vite, qu'elle s'étourdisse un peu !

L'acheteuse qui succombe davantage aux impulsions qui l'incitent à acheter désire se sentir comme les autres. Incapable de *se reconnaître* à sa juste valeur, elle dépend du regard de ces autres, regard qui n'est pas toujours des plus nourrissants. Dévalorisée, elle fait à l'occasion des boulimies dans ses achats. Or, à bien y réfléchir, c'est le sentiment profond d'insatisfaction qui agit sur elle à titre de capteur de dépendance. Il capte, en quelque sorte, les émotions agréables mais passagères qui comblent un court instant un vide, un manque. Avec le passage du temps, l'acheteuse augmente peu à peu la dose de shopping pour continuer à en ressentir les effets bénéfiques : « Un petit haut sympathique à 150 $, c'est quand même pas très cher payé ! » Quel piège !

ATTENTION !

Il ne faut pas croire que toute acheteuse qui s'entoure de beau et de qualité souffre d'un sentiment profond d'insatisfaction. Celle qui n'utilise pas les beaux objets, les articles dernier cri ou les logos prestigieux dans le but de combler un vide n'en souffre pas. Elle a les moyens d'accéder à ce qui se fait de mieux. Elle en profite, pourquoi pas ?

Certes, le sentiment d'insatisfaction joue un rôle puissant à titre de capteur de dépendance, mais il n'est pas le seul. Qu'en est-il du sentiment profond d'ennui ?

Le sentiment d'ennui

L'acheteuse dont le sentiment profond est l'ennui profite d'un court répit grâce à l'émotion agréable de plaisir que suscite son shopping. Dans sa recherche d'équilibre, le plaisir des achats lui fait fuir le sentiment négatif d'ennui qui la tyrannise en silence. Ce sentiment d'ennui ne se manifeste pas par des larmes et des sanglots, des cris et des grincements de dents. Aussi profond que le sentiment d'insatisfaction, le sentiment d'ennui passe souvent inaperçu aux yeux de l'acheteuse. Mais il l'afflige d'émotions désagréables de culpabilité et de tristesse qui, elles, se ressentent dans la détresse.

Il arrive parfois qu'il vole le sourire et rende le regard vide. Mais, à la réflexion, le sentiment d'ennui s'avère difficile à détecter. En sapant peu à peu les énergies, le sentiment d'ennui rend davantage observateur que participant : la vie et les autres perdent leur intérêt. Hélas, les autres ne s'en aperçoivent pas toujours puisque ce manque se camoufle facilement. Comme tant d'autres, l'acheteuse utilise les masques de la personne heureuse. Si bien qu'elle se leurre parfois elle-même : elle ne détecte même pas son propre sentiment d'ennui. Ce faisant, elle s'éloigne toujours plus de la cause probable de ses achats impulsifs. Mais qu'est-ce que le sentiment d'ennui ?

Le sentiment d'ennui est ce mal discret qui rend tout sans intérêt et qui enlève toute motivation. La personne qui le porte se met alors à bâiller en retrait. Comme il provoque la fermeture au monde extérieur et le repli sur soi des cinq sens, le sentiment d'ennui est un anesthésiant de l'amour qui fait paraître les gens démesurément loin. Il les éloigne toujours plus qu'il ne les rapproche. Il bloque toute curiosité : « Ça ne me tente pas ! » devient le mot d'ordre et : « Je ne fais rien ! », la conséquence.

Tel un voile transparent, le sentiment d'ennui assombrit la vie. Pis, il élimine les rêves. Plus rien n'est perçu comme stimulant. La découverte et le dépassement de soi ne semblent plus enviables. La personne qui éprouve un sentiment d'ennui ne vibre plus à la vie. Pourquoi faire des choses alors qu'elle peut s'en passer ? La vie lui apparaît maintenant dénuée de piquant. Même les brillants perdent de leur éclat ! Insidieusement, le sentiment profond d'ennui altère les perceptions. La personne se perçoit ni assez mince, ni assez belle, ni assez intéressante, mais juste assez forte pour continuer… Bref, rien pour l'ouvrir à la vie.

 Mais arrive le dimanche de la rédemption. C'est la grande braderie, ou mieux, c'est la rencontre annuelle de liquidation des designers locaux. Cette fête urbaine, cette foire monstre est une occasion en or d'oublier l'ennui. Et qui sait, peut-être même d'être vue aux côtés d'un styliste en vogue. Il faut savoir qu'à cette occasion les marchands *donnent* pratiquement les vêtements et qu'à ce prix « il faudrait être dingue pour les laisser là » ! Dès qu'elle franchit l'entrée, l'acheteuse se transforme en marathonienne du shopping. Les autres, le temps et elle-même n'existent plus. Pas même une minute pour un café. L'ambiance est à la consommation effrénée, car seule la plus rapide fait les meilleures affaires. « Cette fois-ci, pas besoin de se rendre à la salle d'essayage, ces deux articles sont parfaits!» Elle s'amuse, elle prend plaisir à réaliser la somme d'argent énorme qu'elle *économise*. Titubante et sur le point de s'écrouler, elle disparaît derrière la pile de vêtements qui semble avancer toute seule en direction du tiroir-caisse. Bien sûr, tout ne sera pas impeccable, mais le *jeu* en vaut bien la chandelle!

Le sentiment d'ennui s'enracine sur une base progressive. Il est notamment la conséquence malheureuse d'une trop grande générosité envers les autres. Tournée vers les autres, une personne généreuse donne par plaisir et sans compter. Sans attendre un retour d'ascenseur, elle apprécierait parfois sentir le mouvement des autres *vers* elle. Mais la vie étant ce qu'elle est et les gens ce qu'ils sont, la personne généreuse accumule les déceptions. En retour, ses déceptions provoquent son désœuvrement. Les clowns ne la font plus rire. Plutôt, elle ne veut plus amuser son entourage et elle attend. Fini de faire le clown! Elle est sur *pause* sans même s'intéresser à savoir où se trouve la télécommande. À force de vouloir rendre son entourage heureux, la personne généreuse se décentre de ses propres besoins. Elle ne parvient plus à se recentrer sur ses besoins véritables.

En particulier, le sentiment profond d'ennui provoque des émotions désagréables de tristesse et de culpabilité. La personne en retrait qui, d'habitude, s'applique à rendre son entourage heureux ne se sent pas gentille. Tout est maintenant de sa faute. Les regrets la gagnent et la rendent émotive. Une grande culpabilité ronge souvent l'acheteuse habitée par un sentiment d'ennui. Comme le bois qui alimente le feu pour ne pas qu'il s'éteigne, la culpabilité nourrit l'urgence qui incite à acheter. La culpabilité est une vraie source d'énergie par laquelle l'ennui gagne en force.

L'acheteuse qui s'en veut d'avoir succombé à l'achat d'un bien inutile ressent forcément une émotion désagréable. Quelle est, selon cette acheteuse, la meilleure arme contre la culpabilité? Sans contredit, une séance de shopping! Une passion, tel un feu de cheminée, doit être alimentée. Sinon, elle s'éteint d'elle-même. L'émotion désagréable de culpabilité représente le bois que l'acheteuse utilise pour que le feu de sa passion ne s'éteigne pas.

Très lucide, l'acheteuse pressent la portée négative d'un nouvel achat : disputes à prévoir, cachotteries à faire, négociations à n'en plus finir, etc. Il est donc normal qu'elle s'en veuille par moments. Saine, l'émotion de culpabilité dénote la capacité de l'acheteuse de bien évaluer l'impact de ses achats impulsifs. En revanche, la culpabilité risque d'alimenter un sentiment profond davantage nocif : le sentiment d'ennui.

Le sentiment d'ennui fait pression sur l'acheteuse. Telle une cocotte-minute ambulante, elle cède à certains achats impulsifs. Ces derniers lui permettent d'évacuer, un bref instant, la pression accumulée. C'est ainsi que, sans vraiment le réaliser, l'acheteuse tend sa carte de crédit le cœur rempli d'ennui. Plus il y a de paquets dans le sac de shopping, plus l'acheteuse cherche à fuir ce sentiment profond d'ennui. Cette façon de faire est pourtant très coûteuse pour elle. Et le coût le plus élevé n'est pas monétaire : chaque achat impulsif enracine davantage son sentiment négatif. L'acheteuse prépare ainsi la voie aux émotions désagréables de toutes sortes. Malheureuse, elle tente alors de les fuir par le biais d'une émotion agréable de plaisir associée à de nouvelles emplettes. Le cycle *achat – émotion agréable – échec* peut donc se perpétuer.

En grugeant la joie de vivre, le sentiment d'ennui crée le manque. La personne en manque recherche alors, par le biais d'une activité quelconque, l'émotion agréable susceptible de le combler. L'acheteuse qui éprouve un sentiment d'ennui recherche les longues séances de shopping riches en émotions de plaisir. Décentrée de ses besoins véritables, elle oublie son ennui par le biais du plaisir que lui procure le shopping. Sans conteste, le sentiment d'ennui représente un puissant capteur de dépendance.

Discrets en apparence, les sentiments profonds d'insatisfaction et d'ennui imposent leur dictature sur les comportements de l'acheteuse. Trop occupée à rechercher des émotions agréables, l'acheteuse oublie de prêter attention à ses sentiments profonds. Ce faisant, elle détourne l'attention des vrais capteurs de dépendance qui la tiennent rivée aux comptoirs des magasins.

Si le sentiment d'insatisfaction entraîne la recherche d'une émotion de fierté, le sentiment d'ennui, quant à lui, provoque la recherche du plaisir. Dans un cas comme dans l'autre, puisque la trame de fond est noircie par des sentiments négatifs, l'acheteuse se fait peu à peu prisonnière des émotions superficielles qu'elle ressent lorsqu'elle magasine.

En somme, il existe plusieurs sentiments profonds impliqués dans la formation des impulsions qui incitent à acheter. Si l'insatisfaction et l'ennui en sont de bons exemples, le sentiment d'insécurité représente leur meneur. En trame de fond, un sentiment profond d'insécurité affecte les émotions d'une acheteuse. Mais en quoi ce troisième sentiment négatif peut-il être considéré comme un capteur de dépendance?

Le sentiment d'insécurité

Puisqu'elle doit s'apaiser, l'acheteuse flanche parfois devant la montée de ses impulsions. Bien entendu, elle préfère minimiser l'ampleur des dépenses encourues. Et même un coup d'œil porté à son relevé de carte de crédit ne la ramène pas toujours à la réalité. Contre toute attente, elle continue! Aussi discret que les sentiments d'insatisfaction et d'ennui, le sentiment d'insécurité cause pourtant la montée d'impulsions qui poussent une acheteuse vers les achats. Loin d'être négligeable, le sentiment profond d'insécurité transforme le désir en besoin. L'acheteuse aux prises avec un sentiment d'insécurité préfère l'apaisement à l'économie.

L'insécurité profonde tire sa souche de l'enfance, mais aussi de l'âge adulte. Plus une personne a vécu des événements difficiles, des traumatismes, plus elle risque d'être envahie par un sentiment profond d'insécurité. Les traumatismes sont variés, et certains s'avèrent plus difficiles à identifier que d'autres. La violence, la négligence, les mauvais traitements physiques, sexuels ou psychologiques font partie des traumatismes ouvertement reconnus. D'autres passent davantage inaperçus: l'adoption, la ridiculisation, la fausse couche, la maladie physique ou mentale, l'avortement, le manque d'amour, le divorce, la mort d'un être cher, le harcèlement, une inondation, un incendie, un cambriolage, etc. Reconnus ou ignorés, les traumatismes ébranlent forcément la personne dans son sentiment de sécurité par rapport à la vie et dans sa spiritualité.

Plus une personne ressent de l'impuissance au moment du traumatisme, plus elle risque d'être dominée par un sentiment d'insécurité. Une chose est certaine, le sentiment profond d'insécurité se développe en réaction à des difficultés de vie. Pareil aux sentiments d'insatisfaction et d'ennui, le sentiment d'insécurité ne se manifeste pas bruyamment. Il est un courant de fond, une insécurité latente mais combien puissante. Ce sentiment constitue une trame de fond bien sombre.

 Avant même une première bouchée, elle prend soin de nourrir sa chatte, son chien, sa perruche, son petit hamster et sa tortue bien-aimée. Célibataire, c'est la « Dr Dolittle » du village. Elle-même gourmande et bien enrobée, elle aime que ses *bébés* ne manquent pas de nourriture. À longues enjambées, elle parcourt toutes les allées : vitamines et denrées, jouets et colliers, abreuvoirs et perchoirs s'empilent en pagaille sans broncher. La charmante Dr Dolittle adore s'entourer. Animaux. Aliments. Articles variés. Ainsi, croit-elle, nul ne peut la toucher !

Au rayon des achats causés par le sentiment d'insécurité se retrouve tout ce qui, en général, n'est pas périssable : le café, les conserves, les vêtements, les cosmétiques, les disques compacts, les articles de pharmacie, les bijoux, etc. Bref, tout ce qui a une valeur sécurisante. Le sentiment profond d'insécurité incite l'acheteuse à faire bonne provision de biens durables. Dans certains cas, l'acheteuse qui désire prolonger l'enfance s'entoure d'oursons en peluche, de petites poupées, de bibelots, etc. Mais elle n'est pas pour autant une vraie collectionneuse. Si elle accumule, ce n'est pas tant par amour des objets que par insécurité. Peu importe l'article, c'est la quantité qui la rassure, la soulage un peu. Ainsi, il peut être rassurant pour l'acheteuse d'être témoin de l'abondance de vêtements et de chaussures qu'elle possède. Devant un placard plein à craquer, elle réagit comme d'autres devant la toile d'un grand maître.

Elle se refuse à une philosophie qui proclame que trop peut être pire que trop peu. L'abondance lui fait du bien. C'est pourquoi elle a de la difficulté à jeter quoi que ce soit. Qui sait, peut-être cela servira-t-il un jour. Que fera-t-elle des chemisiers qu'elle n'a jamais portés et qu'elle ne portera probablement jamais ? Mieux vaut les réserver pour les grandes occasions, pense-t-elle. Et, qui sait, peut-être qu'un jour elle ne trouvera plus de vêtements à sa taille. Peut-être qu'un jour elle sera pauvre ou abandonnée. Ce sentiment d'insécurité nourrit la pression intérieure de l'acheteuse et l'entraîne vers les achats. De même, il l'empêche de réaliser qu'elle possède déjà plus que nécessaire.

Comme l'abondance la rassure, il s'écoule parfois un peu de temps avant que l'acheteuse ne réalise l'ampleur de ses excès. Dans le fond, plus elle accumule, mieux elle se porte. Elle amasse donc longtemps avant de se rendre compte qu'elle achète un peu trop. D'un côté, l'acheteuse accumule. De l'autre, elle donne ou jette sans compter : elle manque de place. Lorsqu'elle se décide, c'est à coups de sacs pleins qu'elle se débarrasse de ses biens. Paradoxalement, cette acheteuse est très généreuse. Mais en a-t-elle vraiment le choix ? Pour faire de nouvelles emplettes, elle doit vider ses tablettes.

> Une passion dévorante pour le shopping peut être tenue secrète longtemps. Il est arrivé que la souffrance d'une acheteuse ne soit découverte qu'au jour de son décès. Avec stupéfaction, un membre de la famille découvrit dans l'appartement de la défunte une multitude de vêtements jamais portés. L'insécurité, ou la peur du manque, entraîne l'acheteuse à faire des provisions.

Bien sûr, le sentiment d'insécurité déclenche la montée de plusieurs émotions désagréables. La peur du manque, souvent plus douloureuse que le manque lui-même, agit en tant que figure de proue en ce domaine. La peur de la pauvreté, de l'abandon, de la vieillesse, de la maladie, de la folie ou de la mort est causée par le sentiment profond d'insécurité de l'acheteuse. Elle a peur de l'inconnu et cette peur contribue aux achats impulsifs. Faut-il s'en étonner, la peur de l'inconnu n'a pas forcément un fondement monétaire. Par conséquent, il est fréquent de rencontrer de fortunées acheteuses éprises de la passion des achats. Somme toute, le sentiment profond d'insécurité présente un mince rapport avec le pouvoir financier d'une acheteuse.

Il faut le reconnaître, les achats entraînent des fuites monétaires toujours plus importantes. Ainsi, plus une acheteuse se laisse dominer par ses impulsions, plus les dettes s'accumulent, plus les cartes de crédit plafonnent, plus les relations avec l'entourage se gâtent. Par son comportement, l'acheteuse passionnée provoque parfois le manque qu'elle redoute tant. Cela l'obsède et la culpabilise au plus haut degré. Il va sans dire que son sentiment profond d'insécurité empire au gré de ses achats. Bizarrement, elle cache maintenant ses achats ou elle en fait cadeau. Celle qui privilégie l'authenticité se voit désormais en train de mentir. L'acheteuse passionnée, qui à la base cherche un équilibre et un apaisement dans l'acte d'acheter, se fragilise lentement.

Plus les conséquences deviennent pressantes, plus l'acheteuse passionnée ressent une vive détresse. Alternent alors l'insomnie, les attaques de panique, la déprime et l'obsession des achats. Elle sait qu'elle doit lutter contre cette irrépressible envie d'acheter, mais cela lui est difficile. C'est le *paradoxe* de l'acheteuse passionnée. Plus elle porte un sentiment profond d'insécurité, plus elle consomme ou s'endette. Si ce n'était qu'une question de logique ou de volonté, elle n'aurait aucune peine à rompre le cycle de ses achats. Toutefois, au moment où elle se sent poussée à consommer, cela devient *plus fort qu'elle* ou *au-dessus de ses forces*. Elle se laisse envahir par une sorte de résignation ou de laisser-aller. Elle pense alors : « À quoi bon lutter, puisque je cède chaque fois ! » La souffrance la gagne peu à peu, la paralysant même par moments. Elle n'arrive plus à *se ressourcer*. Plus rien ne la sécurise vraiment. Elle a peur et elle souffre.

La souffrance est une réponse aux coups durs que la vie peut parfois donner. Elle se ressent de l'intérieur avec plus d'intensité qu'une blessure physique. La souffrance *paralyse* de peur, puis projette vers le vide, l'inconnu. Dominée par un sentiment d'insécurité, l'acheteuse se sent parfois telle la seule survivante d'un ouragan dévastateur. Ainsi dépourvue de confiance en la vie, elle doit apprendre à composer avec une émotion désagréable de peur. Comme elle ne sait pas comment s'y prendre, elle risque de s'éprendre des émotions superficielles qui l'apaisent.

En s'attaquant ainsi à la paix du cœur, le sentiment d'insécurité crée le manque responsable de nombreuses dépendances. À l'origine de l'émotion désagréable de peur, le sentiment d'insécurité contraint l'acheteuse à faire des emplettes qui l'apaisent momentanément. Elle ne parvient plus à se ressourcer, à trouver en elle une spiritualité qui la sécurise. En conséquence, l'acheteuse se tourne spontanément vers les émotions apaisantes que lui fait vivre le magasinage. Le cycle achat – émotion agréable – échec tire sa force du sentiment profond d'insécurité. Au même titre que les sentiments d'insatisfaction et d'ennui, le sentiment profond d'insécurité constitue un puissant capteur de dépendance.

Négatifs, les sentiments profonds créent les manques. L'urgence de combler le manque n'a alors d'égale que sa grandeur. C'est ainsi que les fuites de l'esprit et les paradis artificiels gagnent en attrait : ils proposent des émotions agréables qui calment un court instant. Mais il faut savoir que les émotions qui apaisent n'entraînent pas la guérison. En comparaison, un bain chaud apaise certes une personne atteinte d'un cancer, mais il ne la guérit pas. Ce n'est pas de brèves émotions comme la fierté, le plaisir ou l'apaisement que la personne a besoin, mais de sentiments durables et positifs.

Puisqu'ils absorbent et retiennent les solutions inefficaces, les sentiments d'insatisfaction, d'ennui et d'insécurité sont considérés comme des capteurs de dépendance. C'est pourquoi une éponge, qui absorbe tout, est utilisée pour les représenter. Aux prises avec des sentiments négatifs, l'acheteuse est en déséquilibre affectif. Et aussi surprenant que cela puisse paraître, ses achats impulsifs témoignent d'une recherche sincère d'équilibre. Les sacs de shopping ou le panier d'une acheteuse contiennent de un à trois sentiments négatifs, mais également une recherche d'équilibre.

> Même la meilleure des ballerines rêvant de s'envoler en toute grâce ressent parfois le déséquilibre !

LA RECHERCHE DE L'ÉQUILIBRE

Ah ! Qu'il est long d'apprendre à vivre ! Et l'atteinte d'un état d'équilibre affectif représente sans nul doute l'aboutissement du travail de toute une vie. Sans qu'elle le réalise vraiment, l'acheteuse éprouve des sentiments négatifs qui la déstabilisent. En conséquence, ses multiples achats impulsifs visent un bon objectif, celui de rétablir un nouvel équilibre intérieur. Seul le moyen qu'elle prend l'éloigne de son but. En lui procurant des émotions agréables mais éphémères, le shopping ne permet qu'une brève fuite. L'émotion de fierté de posséder un presse-fruits Philippe Starck est certes très agréable, mais elle ne change en rien un sentiment profond d'insatisfaction par rapport à la vie. De même, l'émotion de plaisir ressentie à ouvrir un parapluie Théberge lorsqu'il pleut ne réussit jamais à diminuer un sentiment profond d'ennui. Et il en va ainsi de l'émotion d'apaisement que ressent l'acheteuse à contempler 100 chemisiers dans un placard : son sentiment profond d'insécurité demeure intact. Quelle que soit l'émotion superficielle recherchée, le geste de consommer impulsivement trahit une quête inconsciente d'équilibre.

L'acheteuse espère le soulagement rapide d'un mal secret qui la tenaille. Vite, qu'elle fuie et qu'elle s'oublie par le biais des émotions agréables qu'entraînent les courses. Mais en fuyant ainsi, elle alimente l'intensité de ses sentiments profonds d'insatisfaction, d'ennui et d'insécurité. Contre toute attente, son déséquilibre s'accentue au rythme de ses achats impulsifs. Incapable de mettre le doigt sur les causes de son mal-être, elle poursuit sa recherche d'équilibre intérieur sans relâche dans les magasins. Mais elle n'y trouve jamais ce dont elle a besoin. *La rencontre avec des sentiments positifs ne se produit pas.* En manque de sentiments positifs, l'acheteuse se fragilise, puis devient vulnérable aux impulsions de toutes sortes.

On ne doit pas voir dans le geste de consommer impulsivement une tendance à l'autodestruction, bien au contraire : les achats impulsifs témoignent d'un désir d'être bien avec soi-même. Cela surprend, mais les achats impulsifs trahissent un fort désir de retrouver l'équilibre intérieur. En plus des sentiments profonds d'insatisfaction, d'ennui et d'insécurité, les sacs de shopping de l'acheteuse contiennent une recherche d'équilibre.

LES SACS DE SHOPPING DE L'ACHETEUSE

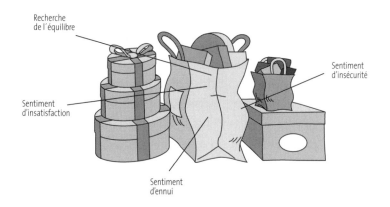

En plus des trois sentiments négatifs, la recherche de l'équilibre fait pression sur l'acheteuse. Pour cette raison, une balance peut être imaginée dans le sac de shopping de l'acheteuse. Il faut le reconnaître, l'acheteuse poursuit un objectif noble : l'équilibre. Mais qu'est-ce que l'équilibre ?

Au premier abord, aucune réponse ne semble satisfaisante. Trop de points de vue sont à prendre en compte. Par conséquent, seule une hypothèse est proposée en guise de réponse à cette question. Il a été mentionné que le sentiment d'insatisfaction cache une difficulté à *se reconnaître*, que le sentiment d'ennui cache une difficulté à *se recentrer* et que le sentiment d'insécurité, quant à lui, cache une difficulté à *se ressourcer*. Une personne apte à se reconnaître à sa juste valeur, à se recentrer sur ses besoins véritables et à se ressourcer dans la spiritualité se rapproche-t-elle d'un état d'équilibre ?

> L'équilibre d'une personne peut-il dépendre de l'harmonie entre ses capacités de *se reconnaître*, de *se recentrer* et de *se ressourcer*?

Plus loin dans ce livre, ces trois dimensions sont abordées de nouveau. Pour l'instant, une réflexion suffit.

Le manque d'harmonie crée parfois un sentiment d'urgence, une pression à tendre vers un nouvel état d'équilibre. Les trapézistes en savent quelque chose : leur survie dépend à bien des égards de l'harmonie qui règne entre eux. En stimulant la montée des émotions superficielles de fierté, de plaisir ou d'apaisement, l'acheteuse croit atteindre, un court moment, cet équilibre. Et du coup, elle continue ses courses à la course... Mais elle fait fausse route en adhérant à l'idée de l'urgence d'acheter. Ses sacs de shopping contiennent-ils, en plus, un besoin urgent ?

LE BESOIN URGENT

Dans la tête d'une acheteuse, ça bouillonne et ça n'arrête jamais. Mais pour bien saisir son réflexe, il importe d'en observer une dans le feu de l'action : cette acheteuse sera « notre acheteuse ».

Notre acheteuse, faisant du lèche-vitrine, tombe par hasard sur un superbe ensemble de draps soldés à 50 %. Il faut dire que *notre acheteuse* en rêve depuis longtemps et que l'occasion fait le larron. Se produit alors une réaction en chaîne, presque prévisible. Très vite, *notre acheteuse* ressent la montée d'une émotion agréable de plaisir. Ces draps sont faits pour elle : les couleurs se marient parfaitement à la décoration de la chambre principale. Dans son for intérieur, elle les possède déjà. Ils sont à elle, point final. Malheur ! Elle n'a pas de quoi les payer sur-le-champ. *Notre acheteuse* use immédiatement de stratégies pour se sécuriser. Il ne faut tout de même pas qu'ils s'envolent aux mains d'une autre, ce serait trop bête ! C'est alors qu'elle entre au magasin, puis s'informe de l'article autant que de la quantité disponible. Elle a raison, ces draps sont faits sur mesure pour elle. Comble de chance, il en reste plusieurs et le solde se prolonge quelque temps encore. Très bientôt, si ce n'est la journée même, *notre acheteuse* espère revenir et réclamer son dû. Sur le chemin de la maison, elle imagine les draps déposés sur le lit ainsi que le plaisir qu'elle en retirera. Elle a hâte d'arriver chez elle pour filer directement vers la chambre principale. Elle en rêve déjà ! Là ne s'arrête toutefois pas sa créativité.

Avant de céder à cet achat coup de cœur, *notre acheteuse* règle deux menus *détails*. En a-t-elle vraiment besoin et a-t-elle les moyens de se les procurer ? *Notre acheteuse* connaît très bien la différence entre un besoin et un désir. Elle ne veut donc pas succomber à un désir passager. Elle se souvient encore de l'éléphant de marbre acheté au Mexique qui n'a d'intéressant que le spectre de chance qu'il promet. De plus, il n'a même pas la décence de maintenir sa trompe en l'air ! Bref, *notre acheteuse* désire combler un besoin véritable. S'amorce alors un rituel d'essayage. Mmmm, les draps bleu ciel, qu'elle possède déjà, ne s'harmonisent plus avec les nouveaux rideaux. Mais ils seraient parfaits pour sa grande amie. Les trouvant ennuyants, elle se convainc de les donner : « Il faut bien qu'ils servent à quelqu'un qui les appréciera ! » *Notre acheteuse* se rassure : il n'est pas exagéré de se procurer le nouvel ensemble de draps. Sa conclusion est irrévocable : elle en a besoin.

L'acheteuse transforme un désir en besoin.

Maintenant, en a-t-elle les moyens ?

Notre acheteuse est une pro de la vente sous pression quand vient le temps de se mettre en tête l'idée d'acheter un article convoité. Rien n'arrive à l'ébranler. Il est normal que l'argent serve, se dit-elle. Elle sait qu'elle ne l'emportera pas au paradis. En y pensant bien, 60 $ pour cet ensemble de draps, c'est seulement deux fois 30 $. Ce n'est rien ! Elle calcule et réorganise 100 fois son budget de façon à s'assurer qu'elle est en droit d'aller magasiner. Mais surtout, qu'elle se trouve en paix avec elle-même. Elle ne désire pas commencer son shopping sur fond de culpabilité. Alors, elle se rassure en se disant qu'elle ne s'achètera pas de souliers bientôt ou que les autres factures peuvent attendre un peu. Parlant d'argent, elle se dit aussi qu'il est grand temps de faire augmenter sa marge de crédit. Après tout, ça ne doit pas être si compliqué que ça. Plus la séance de magasinage se rapproche, plus elle orchestre ses pensées de façon harmonieuse. C'est presque magique : plus elle se parle, plus son budget de magasinage augmente. La baguette de Harry Potter ne ferait pas mieux !

Une fois la formalité du budget réglée, *notre acheteuse* se promet que, cette fois-ci, elle réussira à n'en utiliser qu'une toute petite portion. De surcroît, pense-t-elle, elle ne dépense pas tant que ça. *Notre acheteuse* se perçoit donc en droit de s'offrir une petite gâterie. Forcément, elle en a besoin et, en plus, elle en a les moyens. Dans la tête de *notre acheteuse,* la vente est conclue. Il ne lui reste plus qu'à se procurer ses draps.

Puisqu'il s'agit d'une quête d'équilibre, *notre acheteuse* en plein désir d'achat a tout avantage à croire qu'elle en a *besoin* et qu'elle en a les *moyens.* Les pensées de *notre acheteuse* la supplient d'acheter et, rapidement, la pression à consommer devient telle qu'elle ne peut y résister. Comme si cela devenait *plus fort qu'elle.*

Prise par l'émotion, *notre acheteuse* doit aller quérir ses draps à toute vitesse. Elle vit une forte impulsion qui l'incite à acheter. L'ensemble de draps est à l'origine d'une montée vertigineuse de ses émotions. Un peu comme si intérieurement venait de retentir une sonnette d'alarme. Il y a urgence ! Son corps lui envoie des émotions de plaisir et de détresse. Cette émotion complexe où s'entremêlent fébrilité, stress et plaisir plonge *notre acheteuse* en pleine urgence. Tout s'active en elle. Parfaitement comparable à une tension sexuelle qui se construit dans le but ultime d'être relâchée, l'émotion de *notre acheteuse* n'a de sens que si elle parvient à s'en débarrasser. Heureusement, elle sait quoi faire pour y arriver. Acheter ! Oui, la meilleure façon de retrouver son calme est de répondre à *son besoin* en se procurant l'ensemble de draps pour lequel *l'argent est disponible.* Mais vite, vite, ça presse… en raison d'un besoin urgent.

Notre acheteuse, ainsi envoûtée, risque probablement de succomber à l'achat de son ensemble de draps. Elle s'est forgé l'idée qu'elle en a besoin et qu'en plus l'argent est disponible. Comme elle croit à un *besoin réel* et qu'elle peut y accéder, elle est contrainte de le satisfaire le plus rapidement possible. Un besoin se doit d'être satisfait ou comblé. C'est ainsi qu'elle ressent la montée d'une pression en elle. *Notre acheteuse* sait que les articles soldés se vendent rapidement. Plus elle attend, plus elle risque de perdre ses draps. Que ferait-elle alors de toute cette émotion d'urgence qui résonne en elle ? Pas le choix, elle doit se dépêcher. Il faut savoir saisir la bonne affaire lorsqu'elle se présente, pense-t-elle.

Tant qu'elle n'aura pas ses draps, *notre acheteuse* ne peut aspirer au calme. Ah ! et puis zut, il est trop tard pour le dernier bus. Il lui faut attendre au lendemain. La nuit risque d'être longue. Très longue. Au petit matin, *les pattes aux fesses* et le pied léger, elle s'empresse de bien refermer la porte derrière elle. Plus que vingt minutes de marche avant de posséder l'ensemble de draps. Il est grand temps pour elle de s'abandonner tout entière à sa passion.

Toutes les passions ne frappent pas avec la même force. Toutefois, pour l'acheteuse dont la passion se rapproche de la tourmente, l'attente devient impossible. L'acheteuse en proie à une passion dévorante se retrouve telle une prisonnière d'une maison en feu. Que doit-elle faire ? Où se lancer ? Comme personne ne vit de passion à sa manière, personne ne peut lui être de bon conseil. C'est alors qu'en désespoir de cause elle se met parfois à acheter n'importe quoi. Il faut qu'elle s'apaise et ça urge. Plus elle résiste à son désir d'acheter, plus sa tension déjà élevée gagne en force. Il y a urgence !

Par des raisonnements pour le moins douteux, l'acheteuse organise ses pensées intérieures de façon à se permettre d'acheter. Mais il semble qu'une partie de l'explication de l'urgence d'acheter tienne principalement aux sentiments négatifs qu'elle éprouve. Des sentiments profonds d'insatisfaction, d'ennui et d'insécurité sont soupçonnés de faire pression sur l'acheteuse. Ainsi, lorsqu'une impulsion se manifeste, il y a urgence. Les manques n'attendent pas ! Et comme le déséquilibre intérieur ne peut rester sans réponse, les sacs ou le panier d'une acheteuse ne demeurent pas vides très longtemps.

En résumé, que contiennent les sacs de shopping d'une acheteuse ?

Avant même qu'elle ait acheté quoi que ce soit, les sacs de shopping de l'acheteuse comportent un sentiment profond d'insatisfaction, d'ennui ou d'insécurité, une recherche d'équilibre ainsi qu'un besoin urgent. Par conséquent, le besoin urgent peut être ajouté aux sacs de shopping de l'acheteuse.

LES SACS DE SHOPPING DE L'ACHETEUSE

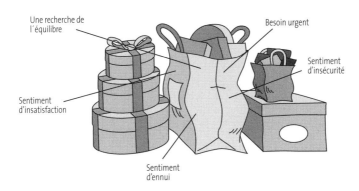

Une recherche de l'équilibre

Besoin urgent

Sentiment d'insécurité

Sentiment d'insatisfaction

Sentiment d'ennui

Sans le réaliser consciemment, l'acheteuse aspire à l'apaisement d'une blessure profonde lorsqu'elle fait des achats impulsifs. L'objectif visé est fort louable. Cependant, la guérison de cette blessure ne s'obtiendra pas de cette façon. Pas davantage que la toxicomanie ou les autres dépendances, le shopping ne peut libérer quiconque de ses sentiments profonds et négatifs.

Selon toute vraisemblance, chaque acheteuse n'éprouve pas les mêmes sentiments profonds et négatifs. Chaque acheteuse n'obéit pas aux mêmes capteurs de dépendance. Par conséquent, chacune d'elles devrait tirer avantage de l'identification des sentiments profonds qui lui sont propres. Éprouve-t-elle de l'insatisfaction, de l'ennui ou de l'insécurité ? Heureusement, il est possible pour une acheteuse d'y voir plus clair. Son style d'acheteuse peut être, en ce sens, très révélateur.

TROISIÈME RAYON
son style d'acheteuse

Il existe autant de styles d'acheteuses qu'il existe de femmes. Mais dans l'optique de se donner des repères, les styles *raffiné*, *sensuel* et *intense* illustrent bien celles qui prennent d'assaut les grands magasins. Par conséquent, ces trois styles d'acheteuses sont décrits en détail ci-après.

À la découverte des styles d'acheteuses, la lectrice peut observer leurs traits de personnalité et leurs attitudes générales. En prêtant attention aux caractéristiques qui lui ressemblent, elle peut s'identifier à un style d'acheteuse davantage qu'à un autre. Bien entendu, il est possible, mais peu probable, qu'elle se retrouve en tous points dans les caractéristiques d'un seul style d'acheteuse. Elle a donc intérêt à porter son attention sur les ressemblances qu'elle partage avec chacun des styles *raffiné, sensuel* et *intense*.

LA RAFFINÉE

Une *femme raffinée* possède une personnalité teintée de passion et d'un goût certain pour les belles choses, les bonnes manières. Femme du monde, la raffinée sait se comporter en société. Alors, elle respecte les autres et elle ne cherche jamais à les incommoder. Elle exprime une nature davantage sobre qu'extravagante, mais cela ne l'empêche pas d'être vêtue selon les dernières tendances. À cet effet, elle aime un vêtement bien coupé même s'il n'est pas griffé ou si la griffe est tenue secrète. Elle affectionne l'élégance et cela se traduit jusque dans son maintien et son port de tête. Comme c'est une femme fière et plutôt réservée, il lui arrive de sembler distante.

L'élégance de la femme raffinée ne se remarque pas uniquement au choix de ses vêtements. Ouverte d'esprit, elle s'informe des nouvelles tendances dans le domaine des arts, des voyages, de la gastronomie et de tout ce qui peut étonner ou surprendre. Informée, la femme raffinée discute avec aisance des sujets les plus variés. Elle est également très sélective. Par conséquent, elle recherche la qualité en toute chose : les vins, les fromages, les chocolats, les thés, les cafés, etc. Elle aime ou elle n'aime pas.

Par son souci du détail, la femme raffinée s'assure que tout soit impeccable lorsque, par exemple, elle reçoit des invités chez elle. Elle désire qu'ils se sentent accueillis et attendus. Elle s'applique donc à utiliser ses accessoires les plus beaux, puis elle en profite pour y ajouter une attention personnelle : elle dépose les fleurs préférées de ses invités au centre de la table. À n'en pas douter, une raffinée entoure ses amis des plus fines attentions.

En société, sa personnalité est racée et fortement ancrée. De par son allure et ce qu'elle dégage, il lui arrive d'intimider les gens. La femme raffinée en impose par sa noble prestance. En vérité, les gens sont impressionnés par elle. La personnalité publique qui la caractérise le mieux est sans nul doute Jacqueline Lee Bouvier Kennedy Onassis (non pas qu'elle ait été une acheteuse, quoique John F. Kennedy ait dû compter sur la fortune de son père pour assurer le renouvellement continuel de sa garde-robe) en raison du raffinement de ses manières. La femme raffinée propose les bonnes et les belles choses de la vie aux personnes qui l'entourent. Dans son for intérieur, elle se projette facilement dans les événements mondains qui demandent du savoir-vivre et de l'étiquette. Elle connaît les formules d'usage. Et si elle en avait l'occasion, elle se sentirait apte à accompagner tout premier ministre à un dîner officiel.

JACQUELINE LEE BOUVIER KENNEDY ONASSIS

Il importe de mentionner que la femme raffinée est plutôt unique en son genre. Complexe, il lui arrive de se sentir incomprise. À certaines occasions, l'incompréhension des autres l'incite à exprimer, à petite dose, l'arrogance qu'elle porte parfois en elle. En réalité, la femme raffinée aime tirer les choses au clair et elle sait être affirmative quand il le faut. Exigeante envers elle-même, elle l'est également envers ses amis qui la considèrent comme fidèle et loyale. Tous peuvent compter sur elle.

La femme raffinée valorise l'indépendance et l'individualisme. La quête de l'autonomie représente sans nul doute son cheval de bataille. Dès lors, il n'est pas étonnant qu'elle tente, dans la mesure du possible, d'atteindre par elle-même ses objectifs. Ainsi, avant de demander de l'aide, la femme raffinée explore toutes les solutions prometteuses. Ce n'est qu'en dernier recours qu'elle se risque à solliciter un tout petit coup de pouce. Son désir d'autonomie est tel qu'elle préfère parfois affronter seule les difficultés. Bien sûr, elle s'entoure de personnes tout aussi autonomes. Sensible aux détails, elle tolère mal l'incompétence des gens. Il va sans dire que l'irresponsabilité des autres l'horripile.

En conséquence de son désir d'autonomie, les responsabilités et les engagements jalonnent la vie de la femme raffinée. Parfois même un peu trop: c'est une femme de devoir capable de nier ses désirs. Elle en oublie parfois de s'amuser. Elle est *très* raisonnable. Autonome, responsable et travaillante, la raffinée présente parfois une peur de l'échec:

elle ne prend pas les choses à la légère. Elle désire s'accomplir dans tout ce qu'elle entreprend. Ce n'est donc pas sans raison qu'elle accumule plusieurs réalisations dont elle *pourrait* être satisfaite. Seule petite ombre au tableau, la femme raffinée est perfectionniste et souvent très exigeante envers elle-même. Cette attitude lui vaut cependant un sens critique très aigu. Elle voit clair. Et pour faire une analyse objective d'une situation délicate, la raffinée n'a pas son pareil. Par conséquent, c'est avec raffinement et subtilité qu'elle échappe aux situations difficiles. La femme raffinée est intelligente et vive.

Fonceuse et friande de défis nouveaux, la femme raffinée excelle dans les activités qu'elle entreprend. Mais elle ne reconnaît pas toujours ses succès. Et moins elle se reconnaît à sa juste valeur, plus elle dépend du regard des autres. Juste retour des choses, elle risque d'assister à l'augmentation de ses impulsions d'acheter. À l'inverse, la femme raffinée qui se reconnaît à sa juste valeur demeure en équilibre. Sans conteste, toutes les femmes raffinées ne présentent pas une tendance particulière à faire des achats impulsifs.

Mais la femme raffinée qui éprouve de la difficulté à se reconnaître à sa juste valeur développe des attitudes rigides. À présent, elle s'interdit l'échec en augmentant ses critères de réussite. Alors, toute tâche nouvelle la rend anxieuse : elle s'impose une réussite immédiate. Malheureusement, elle attribue parfois ses réussites à la chance plutôt qu'à ses propres efforts ou talents. Elle n'en tire donc pas de valorisation personnelle. Impitoyable envers elle-même, elle a peine à s'extirper de son autocritique. À tort, elle croit que «les autres font mieux»! Par conséquent, elle se dévalorise, elle se sent petite : elle n'arrive plus à se reconnaître autrement que dans le regard des autres. Progressivement, cette femme raffinée se laisse envahir par un sentiment profond d'insatisfaction.

En comparaison, une femme raffinée qui éprouve un sentiment d'insatisfaction se rapproche par moments d'un petit lapin Energizer muni d'une très bonne pile. Ce lapin avance à bon train sans jamais être satisfait de tout le chemin parcouru à ce jour. Mais il avance! Il en va de même pour une femme raffinée incapable de se reconnaître à sa juste valeur.

Avec toutes les forces de caractère que possède la femme raffinée, comment se fait-il qu'elle succombe parfois aux achats impulsifs et qu'elle se transforme ainsi en une « acheteuse raffinée » ? Incapable de se reconnaître à sa juste valeur, se peut-il qu'une *acheteuse raffinée* dissimule un sentiment profond d'insatisfaction derrière ses achats impulsifs ?

Le prix de l'insatisfaction

L'*acheteuse raffinée* a le cœur habité par un sentiment d'insatisfaction. Comme toute chose a un prix, elle paye très cher ce sentiment négatif qui la pousse à consommer de manière impulsive. Incapable de se reconnaître à sa juste valeur, elle croit avoir besoin du regard admiratif des autres pour s'attribuer une certaine identité ou avoir un peu confiance en elle-même.

L'acheteuse raffinée contrecarre l'apparition des émotions désagréables par le biais des achats impulsifs. Dans le but d'étouffer des émotions de honte, de colère et de tristesse, elle achète, achète, puis achète encore. C'est la façon toute simple qu'elle a trouvée de faire baisser sa pression. À cet effet, l'émotion de fierté associée à la finesse de ses emplettes lui offre un bouclier temporaire contre certaines émotions désagréables.

Bien que celle-ci soit agréable, ce n'est pas d'une émotion superficielle de fierté qu'a besoin l'acheteuse raffinée. Mais comment peut-elle se libérer de son réflexe d'acheter si elle ne saisit pas le rôle du sentiment d'insatisfaction qu'elle éprouve ? Au fait, pourquoi est-elle sous l'emprise de ce capteur de dépendance ?

Toute petite, l'acheteuse raffinée a pu se sentir aimée, mais elle souffre de ne pas avoir entendu : « Tu es bonne » ou « Je t'aime », des paroles qui nourrissent tant la confiance en soi. Lorsqu'elle était enfant, son entourage n'a pas toujours été très valorisant pour elle. En manque de valorisation extérieure, elle fut privée du miroir qui permet à toute personne de se reconnaître à sa juste valeur. Éduquée par des parents très critiques, elle est devenue impitoyable envers elle-même. Tout ce qui n'est pas parfait ne vaut rien !

Telle une femme enceinte qui se met à voir des femmes enceintes partout, pareille à l'heureuse propriétaire d'une voiture neuve qui se met à voir son modèle de voiture partout, l'acheteuse raffinée voit ses manques et ses erreurs partout. D'aussi loin qu'elle se souvienne, elle traîne cette vague impression d'échec personnel en ce qui concerne ses propres réalisations. Bien qu'elle soit de nature indépendante et autonome, elle conserve l'impression de ne jamais en faire assez, de ne pas être bonne. Il est indéniable que le parcours d'une acheteuse raffinée a été marqué d'une récente ou lointaine blessure liée à l'échec.

Inaccessibles, les critères de performance de l'acheteuse raffinée la mettent en échec. Dans sa lutte contre les critiques qu'elle déteste, elle s'impose une discipline de fer, une performance irréprochable. C'est ainsi qu'apparaissent les «j'aurais pu...» et les «j'aurais dû...» qui alimentent ses tourments intérieurs. Puisqu'elle rêve de quasi-perfection en amour, au travail ou dans ses relations interpersonnelles, l'acheteuse raffinée ne se satisfait pas pleinement du bilan de sa vie. Ce constat risque de la troubler quelque peu. Mais très vite, en réaction, elle s'impose des critères de réussite encore plus élevés.

Avec le temps, l'acheteuse raffinée perçoit les autres comme étant plus grands que nature. De toute évidence, ils réussissent là où elle échoue. Même devant ses propres réussites, l'acheteuse raffinée reste de marbre. Après tout, pense-t-elle, il est juste normal de bien faire les choses et avec un peu plus de temps, elle aurait fait mieux! Une fois l'émotion de fierté passée, elle décline ingénieusement tout commentaire élogieux fait à son égard. Elle est incapable de se reconnaître à sa juste valeur. Quoi qu'elle fasse, rien n'arrive à supplanter le sentiment profond d'insatisfaction qu'elle éprouve.

Les ruptures amoureuses, les pertes d'emploi ou les échecs professionnels se classent bons premiers parmi les événements qui nourrissent le sentiment d'insatisfaction de l'acheteuse raffinée. Dans certains cas, ils peuvent être à l'origine d'un cycle d'achats impulsifs. Comme elle se consacre corps et âme à réussir ce qu'elle entreprend, l'échec est ressenti telle une puissante humiliation. L'acheteuse raffinée n'accepte que très difficilement l'échec. Qu'il soit d'ordre romantique ou professionnel, l'échec lui fait parfois ressentir de la rancune ou de la honte. En retour, plus elle a honte, plus elle se sent coupable, plus elle désire retrouver l'équilibre par le biais des achats impulsifs.

Bien que l'acheteuse raffinée sache que l'important est de s'aimer soi-même, l'image et le paraître prennent parfois le dessus en guise de protection. Sa vie se centre peu à peu sur l'importance de posséder de belles choses ou de les offrir. Mais derrière cette apparente réussite sociale, cette façade du succès, elle combat seule un sentiment profond d'insatisfaction. De boutiques en grands magasins, elle espère dénicher des objets toujours plus raffinés. Elle désire bien paraître aux yeux de son entourage.

Deux catégories d'acheteuses raffinées s'adonnent aux achats impulsifs. Dans la première catégorie, on trouve l'acheteuse qui s'entoure continuellement de belles choses, qui s'offre ce qu'il y a de mieux. Dans la seconde, on trouve l'acheteuse qui couvre ceux qu'elle aime d'objets recherchés qu'elle ne s'offre jamais parce que, croit-elle, elle peut s'en passer. Dans un cas comme dans l'autre, insatisfaite de sa vie, l'acheteuse raffinée livre un combat aux émotions désagréables de honte, de colère et de tristesse qui risquent de faire surface à tout moment.

L'acheteuse raffinée de la catégorie de celle qui s'offre de belles choses se démarque par son bon goût et son élégance. Elle impressionne tant par son attitude que par la beauté ou le faste des vêtements dans lesquels elle se pavane : il s'agit bien là d'un défilé de mode. En enfilant ses souliers et son chemisier Prada, son ensemble Gucci, son foulard de soie Hermès, son sac à main Lanvin et sa montre-bracelet Jaeger-LeCoultre, elle se voit maintenant prête à affronter le regard des autres. Portant ses vêtements telle une armure qui éloigne les gens davantage qu'elle ne les rapproche, l'acheteuse raffinée se voit réduite à suivre les tendances. Considérant qu'une robe de soirée Chanel implique une dépense colossale, le défi posé par la mode peut s'avérer de taille. Mais l'acheteuse raffinée a un faible pour les logos et les marques prestigieuses qui attirent les regards de l'entourage.

L'acheteuse raffinée apprécie également l'élégance d'un vêtement haut de gamme à la griffe tenue secrète. Ce vêtement, inconnu de la masse mais reconnu par *l'élite,* lui procure un réel plaisir : elle s'attire alors les regards des gens les mieux nantis. Lorsque la cible est touchée, l'émotion de fierté n'en est que plus grande. Bien entendu, l'acheteuse raffinée n'a pas à être millionnaire pour rechercher le regard des gens. Lorsqu'elle ne peut s'offrir le luxe des grandes boutiques, l'acheteuse raffinée excelle à repérer les vêtements *abordables* mais coupés avec soin. Étant *unique,* elle se démarque des autres.

L'acheteuse raffinée adore l'impression de raffinement qu'elle transmet aux gens. Elle finit même par croire qu'il n'y a que cela qui compte. Cette acheteuse provoque des regards admiratifs, teintés d'envie et de jalousie, qui la font se sentir fière un bref instant. Comme elle est incapable de se reconnaître autrement que dans le regard des autres, c'est sa façon particulière de combattre son sentiment profond d'insatisfaction. En contrepartie, ses vêtements ou ses accessoires la tiennent à une bonne distance émotive des gens qu'elle fréquente. Elle qui désire le rapprochement crée l'éloignement. Ce paradoxe n'est pas sans la faire souffrir. Mais sans cette distance sécuritaire, elle se sent vulnérable. Inconsciemment, elle espère ne pas être démasquée ou percée à jour. Elle se sent parfois imposteur.

Autant l'acheteuse raffinée s'abreuve du regard des autres, autant elle le redoute. Elle combat et réprime la montée des émotions de honte et d'humiliation qu'un regard réprobateur peut déclencher. Cette acheteuse n'entre généralement pas dans un magasin si elle prévoit n'y rien consommer. Elle craint d'être identifiée à une pauvresse incapable de s'offrir quoi que ce soit. Prisonnière du regard des autres, elle lance des messages d'aisance et de maîtrise. L'idée d'être associée à la pauvreté, pour elle symbole de l'échec social, la pétrifie. Sa lutte contre l'humiliation la pousse parfois à acheter.

 Elle franchit la porte d'entrée d'un restaurant le port de tête altier et les épaules toniques. Pas un seul cheveu rebelle, à moins qu'il ne s'agisse d'une coiffure *savamment décoiffée* (!), pour reprendre l'expression de Mme Lise Watier. Elle qui ne désire pas d'eau minérale ne peut se résoudre à boire l'eau ordinaire offerte gratuitement. La serveuse croirait qu'elle est pauvre ou radine. Si son conjoint désire accompagner le repas d'un vin économique, elle n'hésite pas à faire monter les enchères. Au moment de passer la commande, elle se refuse le saumon mijoté simplement parce que ce plat est le plus abordable. Sans raison valable, elle épie son conjoint sans relâche de peur qu'il ne lui fasse honte. Du potage au dessert, elle ne peut rien refuser : entrée, fromages, sauternes et double expresso ! Le ventre un peu plus rond, mais la tête toujours aussi droite (du moins, elle essaie), l'acheteuse raffinée à l'appétit d'oiseau quitte le resto gonflée... d'orgueil. Elle vient de *nourrir* une émotion de fierté. L'acheteuse raffinée vit dans le regard des autres. Elle doit maintenir *l'image.*

 Au salon de coiffure, l'acheteuse raffinée ne se permet pas toujours de critiquer la coiffeuse. La vengeance de cette dernière serait terrible et sans pitié ! Au lieu de se plaindre, elle fait un détour du côté des produits spécialisés. Elle doit à tout prix corriger cette horreur ! Polie et toujours distinguée, elle s'informe de l'utilité de chacun des produits en montre. Sa coiffeuse dépose un à un les produits sur le comptoir comme s'il s'agissait d'une vente finale. S'alignent alors, tels des soldats, le shampoing revitalisant pour cheveux colorés, le vaporisateur stylisant thermique, la mousse coiffante volume injection, le *spray* de finition tenue maximale, le méli-mélo gel-cire, le shampoing en aérosol et l'indispensable lustre vaporisé vibrant. Incapable de déranger la coiffeuse inutilement, elle prend tout ! C'est la tête échevelée comme un lion qu'elle lui tend 300 $. Sourire en prime, rugissements tenus secrets, elle la remercie. Il faut le reconnaître, elle a de la classe !

On peut comprendre l'acheteuse raffinée de succomber aux achats impulsifs qui la mettent en valeur. Elle ne vit pas sur Mars, mais bien sur un coin de planète où les valeurs du capitalisme favorisent la réussite sociale et l'étalage de la richesse. Le coût et la grosseur des voitures, symboles de réussite qui dorment dans leurs abris chauffés, en témoignent. Elle n'est donc pas la seule en son genre. Portée par le désir d'afficher sa réussite sociale, de projeter une image de force, l'acheteuse raffinée nourrit l'envie et parfois même l'obsession de l'argent. Elle doit gagner plus, sûrement pas dépenser moins !

Dans un cas plus extrême, l'univers de l'acheteuse raffinée tourbillonne uniquement autour de l'apparence de la richesse et du pouvoir de l'argent. Mais peut-elle maintenir le rythme ? Elle qui tient mordicus à son image de prestige risque de s'endetter longtemps avant de se résoudre à vivre selon ses moyens. Impuissante à s'offrir ce dont *elle a besoin,* l'acheteuse raffinée développe de la frustration, de la colère ou de la déception. En vérité, en l'absence du regard admiratif des gens qui l'entourent, elle se sent disparaître. L'acheteuse raffinée est souvent incapable de se reconnaître à sa juste valeur.

Clins d'œil adressés à l'acheteuse raffinée

- Elle enfouit un sac de moindre prestige dans un sac plus prestigieux.
- Elle aime démasquer les acheteuses qui portent les copies des grands couturiers.
- Elle dépense beaucoup d'argent dans de magnifiques emballages.
- Elle adoooooore le neuf !
- Elle s'amuse à provoquer l'envie autour d'elle.
- Elle aime être vue. Mais pas au rayon des soldes !
- Elle détecte les logos à des kilomètres de distance.
- Elle ne regarde pas les gens, c'est elle qu'on regarde !

Il faut l'avouer, sans la présence de l'acheteuse raffinée, la vie risquerait de manquer d'éclat. C'est en partie grâce à elle que le beau et le grandiose animent les décors. De par son raffinement, elle insuffle le désir de l'esthétisme aux plus grands créateurs. Elle provoque l'harmonie des environnements et elle crée les ambiances les plus chaleureuses. L'acheteuse raffinée qui respecte son budget est certes un atout, une reine de cœur pour les gens qu'elle aime. Cela étant dit, l'acheteuse raffinée a avantage à se rappeler ceci :

> Une reine, même vêtue de haillons, porte toujours le raffinement d'une reine.

L'acheteuse raffinée du *second type,* celle qui préfère offrir de belles choses plutôt que se les approprier, peut également être habitée par un sentiment profond d'insatisfaction. Ses courses l'empêchent de ressentir la montée de certaines émotions désagréables de honte, de colère et de frustration. Elle qui aime l'éclat, le raffinement et l'inaccessible ne se le permet pas. Mais elle doit trouver un exutoire aux désirs qu'elle réprime. C'est ainsi qu'elle recherche, elle aussi, les émotions de fierté qui la soulagent un peu. Sa façon de fuir consiste alors à offrir de somptueux cadeaux aux personnes de son entourage.

Cette acheteuse raffinée souffre en quelque sorte du syndrome de l'imposteur. Elle ne se sent pas à l'aise de porter des vêtements de prix. Elle porte donc rarement les plus beaux vêtements qu'elle possède. Certes, elle éprouve des émotions agréables de fierté et de plaisir au moment de les transporter dans leur sac prestigieux, mais elle se sent ridicule à l'idée de les porter en société. Cette acheteuse raffinée ne croit pas mériter ce luxe. Il lui arrive même de croire qu'étaler son opulence est un vice méprisable. Bardée de telles pensées, elle ne désire pas ressentir l'humiliation qui la rend encore plus petite. En apparence, elle présente une image de simplicité. Mais comme elle adore les produits fins, sa revanche n'en est que plus douce. Elle offre alors les plus belles attentions à ceux qu'elle aime. Chanceux de faire partie de son entourage, parents et amis se voient offrir des cadeaux princiers. En retour, ils la bombardent généreusement de regards admiratifs, qui la gavent brièvement d'une agréable émotion de fierté.

À l'anniversaire de sa filleule, l'acheteuse raffinée offre à celle-ci un adorable mais minuscule album-photos Burberry dont le prix dépasse l'imagination. Qui aurait cru que cela existait ? Prétextant ne pas avoir eu le temps de faire un bon shopping, elle affirme candidement : « Mais voyons, ce n'est qu'une pensée, ce n'est rien. » Courant dans tous les sens, le jour où elle doit rembourser les frais de sa carte de crédit, elle tente en vain de se convaincre : « Ce n'est rien ! »

Pas plus grosse qu'une allumette, la fille de l'acheteuse raffinée est sur le point de se faire offrir un petit cadeau, juste comme ça ! L'acheteuse raffinée vient de mettre la main sur les plus belles pantoufles magiques en forme d'abeilles. Leur prix extravagant n'a aucune espèce d'importance. Voir pétiller les yeux d'une enfant de cinq ans lui réchauffe le cœur davantage qu'un feu de joie. Son sentiment profond d'insatisfaction est tel qu'il lui fait à nouveau dépasser ses limites financières. C'est le moyen qu'utilise l'acheteuse raffinée pour se couper de ses émotions désagréables.

Elle connaît l'impact d'un cadeau de qualité, d'un présent qui a du punch ! Quoi de mieux qu'un porto vieilli pendant 20 ans pour souligner la fête de Pâques ? Porto et chocolats, quel délice ! Elle sonne, ouvre la porte, tend le sac, observe les réactions, puis se risque à dire : « J'espère que tu vas aimer, c'est un porto. » Son père, un peu confus, lui retourne un agréable sourire de bienvenue : « Laisse faire les manières, pis passe au salon, va r'joindre ta mère, pis ton frère Yvon ! » L'acheteuse raffinée, obsédée par un souci de plaire, s'aventure au salon. Yvon, en manque d'émotion, s'absente un court moment, verse le porto, puis revient avec un immense bol de punch au liquide bizarrement foncé : « Ne te gêne surtout pas, ton porto y a tout passé, mais ce punch est un peu trop sucré ! » Ébahie comme si elle était témoin d'une avalanche, l'acheteuse raffinée se risque à prendre une gorgée. Elle aurait dû s'en douter, ses cadeaux ont du punch !

Qu'elles lui soient destinées ou qu'elle les offre aux personnes de son entourage, les emplettes de l'acheteuse raffinée lui permettent de s'évader un court instant : en maintenant le regard des autres sur les artifices dont elle s'entoure, elle n'entre pas en contact avec son sentiment profond d'insatisfaction. Au fond, elle désire obtenir l'équilibre par le biais de ses emplettes. Bien que son désir d'atteindre l'équilibre intérieur soit louable, le moyen qu'elle prend pour le réaliser l'en éloigne. C'est en relevant le défi des achats prestigieux que l'acheteuse raffinée fuit sa réalité. Autrement que dans le regard des autres, elle est incapable de se reconnaître à sa juste valeur.

Le sentiment profond d'insatisfaction, tel qu'il a été mentionné précédemment, agit à titre d'éponge sur les activités qui favorisent la fuite. Il est un puissant capteur de dépendance. Sans le réaliser, l'acheteuse raffinée succombe aux achats impulsifs en raison de ce sentiment d'insatisfaction. Par malheur, d'achats impulsifs en achats impulsifs, elle aggrave sa blessure.

L'ACHETEUSE RAFFINÉE : LE PRIX DE L'INSATISFACTION

Toutes les acheteuses n'éprouvent pas un fort sentiment d'insatisfaction. Bien que ce sentiment soit en cause dans la formation de plusieurs impulsions qui incitent aux achats, certaines acheteuses souffrent d'un autre mal. Elles éprouvent un sentiment profond d'ennui. Mais quel est le type de femme davantage susceptible de succomber à ce puissant capteur de dépendance ?

LA SENSUELLE

Attention! La fête est sur le point de commencer! Toujours prête à s'amuser, cette femme-enfant divertit l'entourage. Vaporeuse, libre et ouverte à la vie, c'est la meilleure description qui puisse être faite d'une *femme sensuelle*. Son nom l'indique, la sensuelle filtre l'univers par le biais de ses cinq sens. Elle aime sentir la fragrance du bon pain et du café, toucher les textures nouvelles, goûter les caresses du vent sur sa peau, assister à la tombée de la nuit, entendre le bruissement des feuilles, sentir la chaleur du soleil. La nature et toutes ses beautés permettent à la femme sensuelle de vibrer à souhait. Cette femme est dotée d'une prédisposition hors du commun à se délecter des plaisirs que lui offrent ses sens. Elle possède une franche capacité à s'émouvoir devant les choses simples, à profiter des petits bonheurs de la vie.

Grâce à son intelligence émotionnelle fort développée, la femme sensuelle saisit facilement les émotions des autres au-delà de leurs discours. Elle reconnaît les signaux corporels émotifs et nul ne peut lui mentir à ce sujet. Personne ne lit mieux entre les lignes que la femme sensuelle, très intuitive. Or, elle communique par le biais des émotions davantage que par celui de la raison. Mais comme ses émotions changent rapidement, sa vie est guidée par la montée et la descente houleuse de ses humeurs. Bien qu'elle souffre à l'occasion de ses émotions trop intenses, elle ne veut pas d'une vie étouffée par la raison. Alors, elle attend parfois des autres qu'ils se montrent davantage émotifs et un peu moins raisonnés.

Ouverte à la vie, la femme sensuelle est charmante à souhait. Taquine et espiègle, elle a l'habitude des blagues entre amis. Puisqu'elle adore ricaner, elle ne se fait pas prier pour insuffler un peu de vie à une soirée *qui ne lève pas*. En toute franchise, c'est une femme dont le cœur est à la fête. Elle aime la vie. C'est elle qui commence les rigodons dans les soirées du temps des fêtes et c'est elle qui part la dernière. Elle déborde d'une énergie fascinante. Il va sans dire que son entourage apprécie sa compagnie.

Une femme sensuelle, comme son nom l'indique, est dotée d'une personnalité teintée de passion et de sensualité. Son côté passionné l'entraîne à s'investir pleinement dans toutes ses relations comme dans tous ses projets. Par exemple, lorsqu'une femme sensuelle découvre un écrivain de talent, elle dévore tous ses écrits en moins de deux. Si elle s'initie au ski de fond, elle veut tout connaître de ce sport et elle s'équipe comme la plus olympienne des skieuses. La femme sensuelle ne s'adonne à rien dans l'indifférence. Si elle développe la passion de la peinture, son environnement devient vite envahi par tous les pots, cadres et toiles dont elle croit avoir besoin. En 1922, Picasso a peint la femme sensuelle d'une façon remarquable dans une de ses œuvres intitulée *Deux femmes courant sur la plage*. Toute la sensualité du monde se dégage de cette toile. Mais à vrai dire, c'est la Vénus de Milo, cette déesse de l'amour, du désir, de la beauté et du plaisir qui dépeint le mieux la femme sensuelle.

LA VÉNUS DE MILO

La femme sensuelle vibre de tous les pores de sa peau et son imagination n'a pas de frontière. Charmeuse d'expérience, les jeux de la séduction n'ont pas de secret pour elle : bougie odorante, parfum, fine lingerie, revues coquines accompagnent les soirées qu'elle désire teinter de romance. Guidée par la recherche de sensations fortes ou de plaisir, cette aventurière ose provoquer les expériences nouvelles. Elle n'a pas froid aux yeux et elle ne rechigne pas à se laisser aller à quelques excès. Ceux-ci lui permettent d'exprimer son petit côté rebelle. En vérité, la femme sensuelle capte bien l'essence de la liberté. Elle aime les gens. C'est une amoureuse. C'est pourquoi elle noue facilement de nouvelles amitiés. Plus elle se sent aimée, plus elle aime en retour. En amour, la sensuelle se fait entière et rêveuse. Alors, les rêves et les fantaisies occupent une large place dans sa vie. Par leur entremise, elle s'évade puis se projette rapidement vers un futur meilleur, plus sensuel encore. Les plus belles choses de ce monde, c'est en elle qu'elle les vit. Les rêves la font s'évader : ils lui permettent de supporter les coups durs tout en ajoutant une touche de piquant à la vie. Elle les ressent parfois même physiquement. La sensuelle est une rêveuse ! De quoi rêve-t-elle en ce moment ?

La sensuelle est expressive et démonstrative. Elle n'est pas faite pour côtoyer l'indifférence. Puisque rien ne l'indiffère, ses émotions sont forcément intenses. Heureusement, la femme sensuelle a cette franche capacité de bien les exprimer. Quand c'est drôle, elle se tord de rire, mais quand c'est triste, son visage ne ment pas. De même, ses colères ne passent pas inaperçues. Elle n'est pas pour autant violente, mais elle exprime ce qu'elle ressent. En pleine colère, elle ne parle pas aux gens de son entourage en langage codé : ils n'ont plus besoin de savoir lire entre les lignes ! La femme sensuelle est expressive et démonstrative.

En équilibre, la femme sensuelle est active et ouverte à la vie. D'humeur agréable, partout où elle passe, c'est un rayon de soleil. La femme sensuelle déborde d'une énergie incroyable lorsque vient le temps de faire plaisir ou de plaire aux autres. Afin qu'ils ne manquent de rien, elle use de créativité tout autant que d'originalité. Ainsi, elle repère facilement leurs besoins. Fondamentalement généreuse et centrée sur le bien-être des autres, la femme sensuelle risque pourtant de perdre de vue ses propres besoins. Cela constitue parfois son talon d'Achille. Celle qui oublie de se centrer sur ses besoins véritables risque alors de développer un profond sentiment d'ennui. Ce faisant, elle prépare la voie aux impulsions qui incitent aux achats.

Il va sans dire que la femme sensuelle apte à se centrer sur ses besoins véritables demeure en équilibre. Mais pour celle qui nie ses propres besoins, la réalité est tout autre. Alors, incapable de refuser quoi que ce soit, elle se dévoue aux autres jusqu'à son propre épuisement. *Non!* Ce petit mot de rien du tout, elle ne le connaît pas. Plutôt, elle refuse de le prononcer. Progressivement, un sentiment profond d'ennui la gagne, l'envahit.

En comparaison, une femme sensuelle qui éprouve un sentiment d'ennui se rapproche par moments d'un petit lapin Energizer dont la pile se trouve à ses côtés. Le lapin attend! Il n'est pas forcément triste, il est privé de son énergie. Il en va de même pour une femme sensuelle incapable de se recentrer sur ses besoins véritables.

Celle qui perd graduellement la capacité de se recentrer sur ses besoins véritables bascule peu à peu vers l'ennui. Dans l'optique de fuir ce sentiment profond, elle recherche alors les émotions de plaisir. Et c'est ainsi qu'elle se rabat sur une activité qui lui procure encore quelques sensations : « Et pourquoi pas une séance de shopping ? » La femme sensuelle emprunte alors les traits d'une véritable « acheteuse sensuelle ». Mais de quoi est fait le sentiment d'ennui d'une *acheteuse sensuelle* ?

Le prix de l'ennui

L'*acheteuse sensuelle* savoure son shopping en éprouvant à l'avance le plaisir que promet un article en magasin. Son shopping lui permet de rêver, de s'évader un peu. Mais sans le réaliser, cette acheteuse est aux prises avec un sentiment profond d'ennui dont elle a du mal à se départir. Le sentiment d'ennui est son capteur de dépendance. En quête d'émotions de plaisir, la tournée des centres commerciaux l'amuse par brefs moments. Mais elle fait fausse route : elle ne s'approche jamais de ses besoins véritables.

L'acheteuse sensuelle qui, auparavant, prenait plaisir aux moindres choses ne rit plus. Avec le temps, son sentiment d'ennui grandit et gagne en force. Sa capacité de vibrer à la vie s'estompe. Elle n'est pas en dépression. Elle ne pleure pas. Mais elle s'ennuie. Plus rien ne captive son intérêt. Du coup, le temps lui semble de plus en plus long. Chaque journée ressemble à un dimanche imposé à une gamine de six ans : interminable.

Par chance ou malchance, les emplettes de l'acheteuse sensuelle la font vibrer par courts moments. Alors, elle se rassure, elle est toujours vivante ! Mais de façon à maintenir son plaisir élevé, elle doit augmenter la dose de shopping. Elle n'a pas d'autre choix que de rechercher encore et encore le petit article qui chassera son sentiment d'ennui. À force de ne pas penser à elle-même, elle s'est décentrée de ses besoins véritables. Incapable de retrouver l'axe autour duquel elle peut pivoter, elle décide de s'immobiliser. Elle est en attente.

L'acheteuse sensuelle a parfois de la difficulté à *être à l'écoute* de ses besoins véritables. En revanche, elle est beaucoup plus habile à s'occuper des besoins des autres. Mais qui veille à ses besoins à elle ? Confrontée au vide, elle espère parfois une main tendue. Ses attentes à l'égard des autres la déçoivent ; les autres la déçoivent. Elle les attend. Piégée par l'attente, l'acheteuse sensuelle se coupe peu à peu des occasions de ressentir le plaisir. En réalité, l'attente provoque une souffrance plus profonde qu'elle ne le laisse présager. Les déceptions de la vie se bousculent alors en elle. La fête est terminée !

Qui ne connaît pas le supplice de la goutte ? Bien que la millionième goutte d'eau ne soit pas plus lourde que la première, elle devient franchement insupportable. La vie d'une acheteuse sensuelle constitue parfois un vrai supplice de la déception. Première déception : elle qui rêve d'une vie riche en émotions se bute, le plus clair de son temps, à un quotidien banal. Seconde déception : elle qui rêve de voyages réalise qu'elle n'a jamais posé les pieds hors de son patelin. Troisième déception : elle qui rêve de romance se retrouve maltraitée par la personne qu'elle aime. Quatrième déception, cinquième déception, sixième, etc. Trop centrée sur les besoins des autres et pas suffisamment sur les siens, la vie de l'acheteuse sensuelle ne lui correspond plus. Sa vie ne lui ressemble pas.

Il semble que certaines crises puissent également provoquer la naissance d'un sentiment d'ennui. Un manque de défi professionnel, une relation amoureuse monotone, une période d'adaptation à la retraite, un deuil ou une maladie figurent tous parmi les déclencheurs probables de ce sentiment négatif. Mais quelles que soient les causes de son ennui, l'acheteuse sensuelle se tourne vers le shopping dans le but de ressentir un plaisir, une émotion agréable.

Au fait, comment est-il possible de reconnaître une acheteuse sensuelle en pleine séance de shopping ?

L'acheteuse sensuelle et la raffinée se croisent par moments aux mêmes endroits, mais pas pour les mêmes raisons. Ainsi, il s'avère hasardeux de s'aventurer à les différencier sur la seule base de leurs achats. Ce qu'elles achètent n'importe pas tant que le sentiment profond et négatif qu'elles visent à combler. Lourde d'ennui, l'acheteuse sensuelle consomme sans demi-mesure. Dès qu'elle trouve un objet qui la charme, c'est à la douzaine qu'elle l'emporte. Un nouveau bidule qui s'illumine et scintille ? Il faut en faire bonne provision pour le faire découvrir aux gens qu'elle aime. Cela les amusera !

 L'acheteuse sensuelle prépare une *préfête* de Noël pour les fillettes de sa copine. On ne s'attend tout de même pas à ce qu'elle ne fête Noël qu'une seule fois par année ! Depuis une semaine, c'est la frénésie dans les magasins à un dollar. Un seul dollar ! Un seul dollar ! À ce prix, le panier peut bien déborder. Tout est à un seul dollar ! Enfin, le 8 décembre est arrivé. Déguisée en mère Noël, à coups de « ho ! ho ! » tonitruants, elle accueille les petites. Il y a tellement de cadeaux qu'évidemment elles ne savent plus où donner de la tête. Les chapeaux pointus bien calés, les sifflets qui s'allongent, les bâtons de majorettes en mains, il y a de l'excitation dans l'air. *Mère Noël* est aux anges !

En quête de plaisir et de sensations de toutes sortes, l'acheteuse sensuelle se retrouve dans tous les magasins, mais davantage à l'intérieur de ceux qui proposent du plaisir et de la sensualité. Ayant un cœur d'enfant, elle s'éprend de tout ce qui est mignon, coloré ou brillant ! Les nounours, les poupées, les étrangetés sympathiques et les objets décoratifs lui font perdre la tête. Dès qu'elle aperçoit une pince à cheveux ornée d'une petite princesse, c'est la voix haut perchée qu'elle chantonne : « Ah ! que c'est charmant ! » Mais attention, aussi enfant qu'elle puisse être, l'acheteuse sensuelle assume pleinement sa sensualité. Les huiles, les crèmes, les parfums et la lingerie fine ajoutent donc du piquant à sa vie... et à sa carte de crédit !

À n'en pas douter, l'acheteuse sensuelle désire vibrer aux bonnes choses de la vie. Elle aspire avant tout aux plaisirs des sens. Elle préfère donc le restaurant offrant des plats savoureux à celui en vogue. Des chaussures soldées, comment leur résister ? Non pas qu'elle veuille épater la galerie par cet achat, mais elle sait combien elle se sent *d'attaque* lorsqu'elle porte des chaussures neuves. Symbole de sa sensualité, cet achat ouvre la voie à sa puissante séduction. Très vite, elle imagine des scénarios sensuels : elle ressent au présent ce qui devrait se produire dans le futur.

En poursuivant l'exemple de *notre acheteuse* en manque de draps, est-il possible d'identifier son style ? De prime abord, elle semble être une acheteuse sensuelle. Questionnée sur sa vie, *notre acheteuse* répond spontanément que tout l'ennuie. Elle qui aime faire la fête et s'amuser se voit étouffée par les contraintes. Sa vie n'est qu'une suite de responsabilités. Lever, laver, nourrir les enfants. Courir vers le bus, l'autre bus et le métro. Se rendre au boulot. Puis retour à la case dodo. Elle est déçue. Tout la déçoit. Où est passée cette vie rêvée : le soleil, la mer, la plage, la peinture, le théâtre, les cinémas, les restaurants, les soirées dansantes ? Rien ! Son aspirateur aura probablement gobé tout cela. À force de ne pas s'occuper de ses propres besoins, *notre acheteuse* s'est éloignée de sa source d'énergie. Progressivement, les possibilités de plaisir se sont refermées sur elle. Outre le shopping, plus rien ne la stimule ni ne l'amuse. Hors des magasins, point de salut ! Point !

Questionnée sur sa motivation à acheter les draps, *notre acheteuse* s'évade en rêveries puis frissonne de plaisir. Son visage reprend vie. L'harmonie de couleurs et de motifs l'enivre. *Notre acheteuse* ne se lasse pas d'imaginer la douceur de leur tissu. Convaincue, elle décrète même qu'ils régleront son problème d'insomnie. Ils sont beaux, ils sont doux et, en plus, ils la propulseront dans les bras de Morphée. Sans contredit, ces draps répondent à tous ses sens. En réalité, *notre acheteuse* utilise le shopping pour vibrer un peu, ressentir l'émotion de plaisir qui lui fait tant défaut. Au fond, c'est un sentiment profond d'ennui qui la fait dépenser.

L'ACHETEUSE SENSUELLE : LE PRIX DE L'ENNUI

Telle une acheteuse raffinée, l'acheteuse sensuelle fuit un sentiment négatif dont elle ne réalise pas toujours l'ampleur. Sur le coup de l'impulsion, une emplette lui fait du bien. Mais sans le réaliser, elle est sous l'emprise d'un fort sentiment d'ennui. Ce sentiment profond est son capteur de dépendance. Incapable de se recentrer sur ses besoins véritables, l'acheteuse sensuelle s'éloigne de sa source d'énergie. Elle s'ennuie !

Tandis que l'acheteuse raffinée n'arrive plus à se reconnaître à sa juste valeur, l'acheteuse sensuelle ne réussit pas à se recentrer sur ses besoins véritables. L'une éprouve l'insatisfaction, l'autre subit l'ennui. Jusqu'ici, il semble bien que chaque style d'acheteuse possède son propre capteur de dépendance. Mais qu'en est-il de celle qui n'arrive plus à se ressourcer dans la spiritualité tellement la vie fut difficile ? Quelle femme risque de succomber au sentiment profond d'insécurité ?

L'INTENSE

Au premier abord, la *femme intense* intrigue en raison de son caractère mystérieux. Jamais intrusive ou inadéquate, elle n'impose d'aucune façon sa présence aux autres. Sobre d'apparence et pleine de retenue, elle projette une image raffinée. Si bien qu'il est facile de la confondre avec une femme de style raffiné. Femme douce et attentionnée pour son entourage, elle démontre une attitude réservée en toute situation. Mais il ne faut pas se méprendre : bien que certains la perçoivent distante, elle désire le rapprochement avec les autres. D'une loyauté insurpassable, la femme intense ne trahit jamais un secret.

De loin, la femme intense privilégie la qualité à la quantité de ses relations interpersonnelles. Dès lors, elle se refuse aux relations superficielles. Elle déploie même une certaine ferveur à éliminer le superficiel de sa vie. Par conséquent, elle s'éloigne des soirées mondaines plus qu'elle ne s'en approche. La femme intense recherche les relations durables et profondes. Et lorsqu'elle aime quelqu'un, son amour est sans borne. Mais sa façon d'aimer les gens demeure discrète, sans coup d'éclat.

Au rayon des amitiés, la femme intense s'avère fidèle et dévouée. Elle peut, à cet effet, se donner tout entière. Telle une marathonienne, elle soutient et encourage les gens qu'elle aime jusqu'au bout. Et en dépit de ses propres difficultés de vie, elle accueille leur souffrance avec compassion. Ses amis affectionnent particulièrement sa chaleur et son écoute sans faille. Mais au-delà de tout, la femme intense a dans le regard une profondeur qui rassure, qui donne le goût de croire que l'amour existe encore. Que les amitiés peuvent durer.

Forte et persévérante, la femme intense ne se laisse pas facilement impressionner par le premier obstacle venu. Elle en a vu d'autres ! Devant l'adversité de la vie, elle ne baisse pas les bras. Au contraire, sa quête de vérité l'entraîne à donner un sens profond à toute épreuve. Par conséquent, elle a cette grande capacité de tirer profit des expériences douloureuses de sa vie. Chaque douleur la propulse vers le dépassement de soi. Chaque douleur la fait grandir. C'est ainsi que, très intériorisée, la femme intense recherche l'harmonie en elle.

La soif de connaître de la femme intense n'a d'égale que sa curiosité. Décidément ouverte d'esprit, elle considère avec sérieux toute avenue nouvelle pouvant la mener vers un bien-être intérieur. C'est ainsi que, confrontée à la maladie, elle s'ouvre parfois aux approches alternatives. Elle ne se cantonne pas aux médecines traditionnelles, qu'elle respecte pourtant. Cette attitude accueillante dénote son franc désir d'accéder à la connaissance. Comme Mireille Dumas et Janette Bertrand, la femme intense veut savoir !

Adepte de la liberté et du respect des gens, la femme intense ne cherche pas à leur dicter leur conduite. Puisqu'elle se tient informée, elle est de bon conseil. Pourtant, elle se garde bien d'en donner ! En revanche, avant de prendre de grandes décisions, elle s'enquiert de l'avis de ceux qu'elle aime. Leur jugement lui importe. Elle est sage.

La femme intense donne avec générosité et désintéressement. De surcroît, le don est souvent tenu secret. Cette femme n'est pas ouvertement démonstrative de ses émotions et le mystère qu'elle porte n'est que très rarement percé. Pour la plupart des gens, la femme intense demeure secrète et cela fait partie de ses charmes. Intense, mystérieuse et secrète : c'est la *Joconde* de Leonardo da Vinci.

La *Joconde* (Monna Lisa)

Le sourire de la *Joconde* demeure énigmatique. Loin de dégager l'hystérie, la *Joconde* intrigue par son sourire qui n'en est pas un et par toute la puissance de son intériorité. Puissance et force intérieure qualifient bien la femme intense : elle assure souvent le rôle de pilier au sein d'une famille. Sous des apparences sobres, la femme intense présente une force tranquille. Plus solide que le roc, elle résiste aux coups.

Il faut l'avouer, la femme intense possède une histoire lourde d'événements malheureux. Si bien que ses amis utilisent parfois le terme « survivante » pour la décrire. Les traumatismes vécus mènent souvent à l'apparition d'un sentiment d'insécurité par rapport à la vie. Si la femme intense parvient à trouver en elle une spiritualité qui la sécurise, elle demeure en équilibre. En revanche, celle qui n'y arrive pas se voit rapidement envahie par l'insécurité. Aux prises avec ce capteur de dépendance, elle risque alors de voir se multiplier les impulsions qui incitent aux achats. Progressivement, elle devient une « acheteuse intense ».

De plus en plus meurtrie, l'*acheteuse intense* a peine à se ressourcer dans une spiritualité qui l'apaise. Peu à peu, sa peur domine. Peu à peu, la souffrance s'approprie son cœur. Hélas, l'espoir d'apaiser une souffrance guide l'acheteuse intense parmi les allées des grands magasins. Bien entendu, les achats la calment un peu. Mais ils ne l'aident jamais à ébranler son sentiment d'insécurité qui augmente à la mesure des dépenses qu'elle fait. Le sentiment d'insécurité représente le capteur de dépendance de l'acheteuse intense. De moins en moins apte à se ressourcer dans la spiritualité, elle cède davantage aux attraits du shopping.

En comparaison, la femme intense qui éprouve un sentiment d'insécurité se rapproche par moments d'un petit lapin Energizer qu'on a brassé trop fort. Sa pile est toujours bonne, mais il avance parfois avec peine.

L'acheteuse intense désire avant tout que son shopping *l'apaise*. Celle qui ne parvient pas à se ressourcer dans la spiritualité devient rapidement submergée par un sentiment profond d'insécurité. Mais de quoi se compose le sentiment d'insécurité de l'acheteuse intense ?

Le prix de l'insécurité

À l'opposé des acheteuses de styles raffiné et sensuel qui recherchent la montée d'une émotion agréable, l'*acheteuse intense* aspire plutôt à ressentir une diminution de ses émotions désagréables. Pour contrer sa souffrance, elle sent le besoin de s'apaiser. Et quand l'acheteuse intense succombe aux achats impulsifs, elle le fait dans l'espoir de trouver un moment de répit dans toute sa souffrance intérieure. Elle ne recherche pas la montée d'une émotion spécifique comme la fierté ou le plaisir, mais la chute d'une émotion désagréable.

Par le geste d'acheter, l'acheteuse intense fait momentanément relâche des émotions désagréables. Puisque ce geste l'apaise, elle le répète. Ce faisant, jamais elle ne s'attaque à son sentiment profond d'insécurité. Et comme elle ne fait pas la différence entre le côté discret d'un sentiment et celui tapageur d'une émotion, elle achète dans le but d'apaiser ses émotions trop intenses. Mais elle fait fausse route. Loin de lui apporter un sentiment de paix intérieure, la frénésie des achats alimente son sentiment d'insécurité.

Bien entendu, l'insécurité s'empare du cœur de bien des acheteuses. Mais comment expliquer que l'acheteuse intense en soit davantage affligée?

La vie d'une personne dépend en partie de ses choix, mais également de la chance qui s'offre à elle. Par malheur, l'acheteuse intense n'a pas eu de chance. Son passé est lourdement marqué par les épreuves, les traumatismes ou les violences. La vie ne l'a pas épargnée. Son histoire renferme une suite ininterrompue d'embûches toutes pires les unes que les autres. Par conséquent, elle garde forcément des séquelles du passé injuste et malchanceux qu'elle ne méritait pas de vivre. Mais comme elle est très forte, la vie n'est pas parvenue à briser son âme.

Bien sûr, chaque acheteuse intense possède sa propre histoire, son propre cheminement. Mais il semble que ce soit au moment de la tendre enfance que s'enracine le sentiment d'insécurité. Les parents de l'acheteuse intense lui ont souvent imposé un régime très strict d'éducation. Sans grande compréhension de la psychologie et pris par les responsabilités, ils lui ont inculqué les règles à suivre. Bien entendu, au sein de cette famille, l'individualité de l'enfant ne devait pas se manifester. Rien de ce que lui disaient ses parents ne pouvait l'élever, la valoriser. Se faisant rabrouer constamment, elle a vite appris à ne pas faire de vagues. Elle a peur. Enfant, elle est comme à l'armée, alarmée! Aussi, l'acheteuse intense d'un certain âge se souvient d'avoir grandi sous le joug d'une éducation religieuse plutôt austère et sans nuances. Dès la petite enfance, celle qui deviendra une acheteuse intense ressent déjà la lourdeur de la vie.

Trop lourd d'événements ténébreux, son sac à dos d'enfant lui pèse déjà. Il contient avant tout des mauvais traitements physiques, psychologiques ou sexuels. La violence infligée alors qu'elle était trop petite pour comprendre ou pour s'en défendre lui a laissé de terribles séquelles. Une profonde culpabilité. C'est à coups de «pas bonne, idiote, incapable, méchante, etc.» qu'elle dit bonjour à la vie. Décidément, elle n'a pas eu de chance. Personne ne mérite cela. Personne.

Derrière tout le mystère et la retenue de l'acheteuse intense sommeille une enfant meurtrie. Très tôt, la vie s'est chargée de la fragiliser. Comment peut-elle développer son estime de soi, elle qu'on bafoue dans ses besoins d'expression les plus simples ? Comment peut-elle développer la joie de vivre, elle qu'on oriente vers les responsabilités et qu'on éloigne de sa sensualité ? Sensualité qu'elle a dû taire. En manque de confiance et privée de l'amour qui sécurise une enfant, l'acheteuse intense développe un sentiment profond d'insécurité. Très tôt, elle souffre.

Celle qui, plus tard, deviendra une acheteuse intense s'est fait voler son enfance. Ainsi, une fois adulte, c'est avec peine qu'elle entre en contact avec ses besoins, ses désirs et les choses qui lui font plaisir. Elle ne sait donc pas comment vivre pour elle. Elle se sent même perdue lorsque vient le temps d'affirmer ses besoins. En vérité, elle ne sait pas vraiment ce que l'affirmation de soi signifie. Telle Monna Lisa prisonnière de son cadre, elle veut parler, il faut qu'elle crie, mais elle ne sait pas comment. Alors, elle sourit.

Souffrant d'une profonde insécurité, il arrive qu'elle aime des hommes qui ne la méritent pas. En conséquence, l'acheteuse intense peut s'être unie à un conjoint qui la maltraite, violent ou indifférent. Certes, il s'agit parfois d'un malheureux hasard, mais il se peut que son insécurité ait guidé son choix : quand on se noie, on ne choisit pas sa bouée. C'est alors dans la souffrance qu'elle assiste impuissante à la répétition de son histoire de vie. Non seulement sa vie a mal démarré, mais elle s'est mal poursuivie. Une vague impression de déjà-vu l'envahit. Paralysée par la peur de l'inconnu, elle se fait captive d'une relation qui l'épuise et la gruge. Convaincue de son incapacité à affronter la vie seule, elle endure. Elle endure. Elle endure. Et c'est en amplifiant les doses d'amour qu'elle espère se libérer de sa souffrance.

Blessée par la vie, l'acheteuse intense n'arrive plus à se ressourcer, à trouver en elle une spiritualité qui la sécurise. Souffrante et désemparée, elle accueille avec grâce tout moment de répit, si bref soit-il. Au fond, elle désire se libérer des puissantes émotions désagréables que crée en elle son sentiment d'insécurité. Et puis se présente le jour où un achat l'apaise. L'acheteuse intense peut enfin expirer… Plus que bienvenue, cette émotion d'apaisement risque pourtant de la piéger.

Le sentiment d'insécurité retient, inhibe et contrecarre toute tentative de dépassement de soi. Plus une personne le porte, plus elle cède aux émotions de peur et d'anxiété qui en découlent. Sous l'influence de la peur, l'acheteuse intense tend à se faire discrète. Elle ne s'affirme pas. Elle ne veut décidément pas créer de remous. Mais pourquoi la peur paralyse-t-elle parfois ?

En tant que mécanisme de survie, la peur paralyse !

 Elle se promène tranquillement, tenant en laisse un magnifique chien s-a-u-c-i-s-s-e, tout aussi long qu'il est bas sur pattes. Sans y prêter attention, l'acheteuse veut poursuivre sa route, mais voilà que Toutou s-a-u-c-i-s-s-e se refuse à avancer. Écrasé par terre, il fait le mort ! Que se passe-t-il ? Maîtresse a beau tirer sur la laisse, il s'entête à ne pas bouger.

C'est que Toutou *s-a-u-c-i-s-s-e* a peur. Il vient tout juste d'apercevoir un berger allemand. Bien entendu, qu'il soit debout ou couché ne change pas grand-chose à son allure générale. Mais cette réaction est un réflexe de survie. Toutou *s-a-u-c-i-s-s-e* veut se faire invisible, il veut que l'agresseur potentiel oublie sa présence. Certains diraient qu'il manque d'affirmation de soi, d'autres comprennent qu'il a peur.

Le sentiment d'insécurité incite l'acheteuse intense à rechercher les émotions qui l'apaisent, à accumuler toutes sortes de choses. Comme elle a de la difficulté à se ressourcer, à trouver la sécurité en elle, ses emplettes sont variées et abondantes.

 Elle a 72 ans, est mince comme Twiggy et passionnée par son ordinateur. On l'imagine davantage sur un petit scooter qu'en robe de soirée John Galliano. Elle qui entraîne Toutou *s-a-u-c-i-s-s-e* à faire le beau (!) affiche un air franchement inoffensif. Mais on la redoute. On la craint! Comme elle achète tout le temps, elle donne tout le temps! «Tu veux vraiment aller voir ta mère? C'est pire qu'aller dans un magasin à grande surface! Et que va-t-on faire des boîtes de pois, des nouvelles cuillers à salade, des chandelles parfumées et des savons à la glycérine qu'elle va sans doute nous donner?» Résignée, la conjointe appuie sur la sonnette! Ding dong! «Entrez, entrez, venez voir ce que je vous ai déniché…» La vie de grand-maman *Twiggy* lui pèse. Son shopping l'apaise!

Il importe de savoir qu'un sentiment profond d'insécurité affecte le développement global d'une personne. Ce sentiment négatif s'accompagne forcément d'autres sentiments négatifs. *Il est donc fréquent qu'une acheteuse intense soit aux prises avec des sentiments d'insatisfaction et d'ennui.* Souffrante, elle se fait berner par les activités qui l'apaisent, qui favorisent la fuite.

L'ACHETEUSE INTENSE : LE PRIX DE L'INSÉCURITÉ

En résumé, l'acheteuse intense se différencie de la raffinée et de la sensuelle par son passé empreint de traumatismes lui ayant occasionné un sentiment profond d'insécurité. Lorsqu'elle fait son shopping, c'est dans le but de fuir une réalité trop douloureuse. Elle cherche les émotions qui l'apaisent et les longues séances de magasinage qui la maintiennent dans l'oubli.

À ce stade, il importe de se souvenir que les sentiments profonds sont en cause dans les achats impulsifs (comme dans le développement de toute autre dépendance). Incapable de se reconnaître à sa juste valeur, une femme raffinée risque de devenir une *acheteuse raffinée* envahie par l'insatisfaction. Incapable de se recentrer sur ses besoins véritables, une femme sensuelle risque de devenir une *acheteuse sensuelle* submergée par l'ennui. Puis, incapable de se ressourcer dans la spiritualité, une femme intense risque de devenir une *acheteuse intense* en proie à un sentiment d'insécurité.

L'acheteuse qui désire préserver de saines habitudes de shopping a avantage à s'intéresser aux sentiments profonds d'insatisfaction, d'ennui ou d'insécurité. D'autant plus que les impulsions qui incitent aux achats tirent sûrement leur énergie de ces sentiments négatifs. Malheureusement, l'acheteuse déploie inutilement ses énergies à modifier ses émotions désagréables : elle s'en prend à la conséquence et non à la cause. Mais quelle est la différence entre une émotion et un sentiment ?

QUATRIÈME RAYON
émotion ou sentiment ?

Il importe de distinguer un sentiment d'une émotion, comme il importe à un enfant de différencier le feu d'une brûlure. S'il ne fait pas la différence, il risque de se brûler très souvent et de devenir dépendant ou accro à tout ce qui l'apaise momentanément. De la même façon, l'acheteuse qui ne différencie pas un sentiment d'une émotion risque de devenir accro à quelque chose. Mais à quoi ? Avant de répondre à cette question, la différence entre une émotion et un sentiment doit être établie. Voici, dans sa forme la plus simple, une façon de s'y retrouver.

QU'EST-CE QU'UNE ÉMOTION ?

Combien de fois l'acheteuse a-t-elle vu ses mains trembler, son visage rougir, son cœur palpiter ou sa respiration s'accélérer juste avant de payer une énorme facture ? Ces sensations physiques indiquent la montée d'une émotion. Il va de soi que plus les réactions physiques sont fortes, plus l'émotion ressentie l'est également. Pour l'énoncer de façon très simple, disons que les émotions sont des réactions physiques. Qui plus est, elles sont agréables ou désagréables. Mais elles sont momentanées : elles montent, puis redescendent comme les vagues dans la mer. Bien que parfois intenses, les émotions n'en demeurent pas moins superficielles. Il n'empêche que l'acheteuse désire échapper à certaines émotions désagréables. En revanche, les émotions agréables font rarement l'objet d'une fuite ou d'une préoccupation. Elles ne sont donc pas détaillées ici.

Notre acheteuse en manque de draps participe à une grande fête lorsqu'elle aperçoit une copine au loin. Malheur! Elles portent la même écharpe! *Notre acheteuse* s'énerve, son cœur palpite, puis sa respiration se fait rapide. Elle ressent une émotion de honte qui lui donne une soudaine envie d'éviter sa copine, de quitter la fête. Avec raison, *notre acheteuse* déteste cette émotion qu'elle perçoit de façon très désagréable. Elle la ressent physiquement et cela l'embête. Aussi intense qu'elle soit, l'émotion de honte n'est que passagère: d'abord elle monte, ensuite elle redescend.

Notre acheteuse est aux prises avec une émotion désagréable de honte. Comment peut-elle reconnaître qu'elle est en train de vivre une émotion désagréable?

Une émotion désagréable se ressent physiquement.
Elle est passagère.

QU'EST-CE QU'UN SENTIMENT?

Le sentiment est un état d'esprit plutôt stable et durable qui accompagne la personne partout où elle va. C'est une profonde impression de force ou de vulnérabilité. Le sentiment ne se ressent pas vraiment par des réactions physiques. Et voilà bien ce qui le différencie d'une émotion: le sentiment profond est tout au plus positif ou négatif, mais il ne se ressent pas vraiment. Il est une représentation positive ou négative de la vie, de soi-même et des autres. Mais attention, lorsqu'il est négatif, il provoque la montée de fortes émotions désagréables, de fortes impulsions qui incitent aux achats. Hélas, comme il est discret, il passe inaperçu. Tout de même, c'est lui le coupable!

En toute honnêteté, le sentiment est un état d'esprit difficile à définir. Il se comprend davantage par le biais d'une métaphore. Si l'émotion est une vague, le sentiment est le puissant courant marin qui la provoque. Lorsque le sentiment est positif, il favorise habituellement la formation de vagues d'émotions agréables. Ainsi, une personne guidée par un sentiment positif d'estime de soi devient prédisposée à ressentir des émotions plaisantes. À l'opposé, une personne alimentée par un sentiment négatif est davantage sujette à ressentir des émotions désagréables. Très vite, un sentiment d'insatisfaction, d'ennui ou d'insécurité rend une personne vulnérable aux émotions désagréables comme la honte, la tristesse et la peur.

LES SENTIMENTS PROFONDS

Sentiments négatifs	*Sentiments positifs*
Le sentiment d'insatisfaction	Le sentiment d'estime de soi
Le sentiment d'ennui	Le sentiment de joie de vivre
Le sentiment d'insécurité	Le sentiment de paix du cœur

Puisque les émotions désagréables sont tapageuses et dérangeantes, l'acheteuse se lance dans le magasinage pour les faire taire. C'est sa façon de les fuir. Pendant ce temps, elle oublie… de s'occuper de ses sentiments profonds. En ne s'attaquant pas à la cause des impulsions, elle risque de voir augmenter la quantité de ses achats impulsifs.

Dans l'exemple précédent, *notre acheteuse* ressent la montée d'une émotion désagréable de honte en apercevant l'écharpe de sa copine. Mais que se cache-t-il derrière la montée de cette émotion désagréable?

Notre acheteuse, envahie par un profond sentiment d'ennui, semble également éprouver un profond sentiment d'insatisfaction: cette impression diffuse de ne pas être à la hauteur et que rien ne suffit. Ce sentiment négatif rend *notre acheteuse* prisonnière du regard des autres. Par conséquent, elle ressent la honte, mais elle ne ressent pas le sentiment profond d'insatisfaction qui se cache derrière l'émotion.

Notre acheteuse est aux prises avec une émotion désagréable de honte causée par un sentiment profond d'insatisfaction. Mais qu'est-ce qu'un sentiment profond?

> Un sentiment profond est une *impression* de force ou de vulnérabilité.
>
> Il est plutôt stable et durable.
>
> Il ne se ressent pas vraiment physiquement mais, en retour, il provoque la montée des émotions.

La lectrice est maintenant conviée à répondre à l'interrogation suivante : quelle est la différence entre une émotion et un sentiment ?

En général, c'est le sentiment négatif qui ouvre la voie aux émotions désagréables et aux impulsions qui incitent à faire des achats. Par le biais des achats impulsifs, l'acheteuse fuit ses émotions désagréables. Elle ne veut pas les ressentir. Et c'est alors qu'elle succombe davantage aux achats impulsifs.

> ### SENTIMENT NÉGATIF ET IMPULSION
> Sentiment négatif   ➡   impulsion

L'acheteuse combat un sentiment négatif par une émotion agréable liée au shopping. Niant ainsi le sentiment profond qui l'habite, elle devient peu à peu accro à cette émotion agréable. Chaque acheteuse recherche une émotion agréable qui lui est spécifique. Plus l'acheteuse identifie clairement l'émotion après laquelle elle court, plus elle est en mesure de freiner cette course. Car elle court dans la mauvaise direction !

Après quelle émotion court donc l'acheteuse raffinée ?

L'acheteuse raffinée est généralement guidée par un sentiment profond d'insatisfaction : une impression diffuse de ne pas être à la hauteur et que rien ne suffit. En manque d'estime de soi, elle ressent la montée d'émotions comme la honte, la colère, la tristesse, etc. Bien sûr, ces émotions sont très désagréables à ressentir. Alors, l'acheteuse raffinée les fuit par le biais des achats qu'elle fait. En réalité, elle recherche une émotion qui lui fait grandement défaut : l'émotion de fierté.

L'acheteuse raffinée fuit ses émotions désagréables en recherchant l'émotion agréable de la fierté qui, croit-elle, compense son manque d'estime de soi. C'est ainsi qu'elle devient parfois accro à l'émotion de fierté.

LA FUITE DE L'ACHETEUSE RAFFINÉE

L'acheteuse raffinée ➡ Accro à l'émotion de fierté

Après quelle émotion court donc l'acheteuse sensuelle ?

L'acheteuse sensuelle est généralement guidée par un sentiment profond d'ennui : une impression diffuse que rien n'a vraiment d'intérêt. En manque de joie de vivre, elle ressent la montée d'émotions comme la culpabilité, la tristesse, la colère, etc. Sans conteste, ces émotions sont très désagréables. C'est ainsi que l'acheteuse sensuelle les fuit par le biais des achats qu'elle fait. Elle parvient, par brefs moments, à ressentir une émotion de plaisir.

L'acheteuse sensuelle fuit ses émotions désagréables en recherchant l'émotion agréable de plaisir qui, croit-elle, compense son manque de joie de vivre. C'est ainsi qu'elle devient parfois accro à l'émotion de plaisir.

LA FUITE DE L'ACHETEUSE SENSUELLE

L'acheteuse sensuelle ➡ Accro à l'émotion de plaisir

Après quelle émotion court donc l'acheteuse intense ?

L'acheteuse intense est généralement guidée par un sentiment profond d'insécurité : une impression diffuse de ne jamais être en sécurité. En manque de paix du cœur, elle ressent la montée d'émotions comme la peur, l'anxiété, la tristesse, etc. Bien entendu, ces émotions sont très désagréables. Elle tente donc, elle aussi, de les fuir par le biais du shopping. Et sa fuite fonctionne à l'occasion : elle ressent une émotion qui l'apaise.

L'acheteuse intense fuit ses émotions désagréables en recherchant une émotion agréable qui l'apaise. Elle croit ainsi compenser son manque de paix du cœur. Progressivement, elle peut devenir accro à toute émotion qui l'apaise.

L'acheteuse raffinée, sensuelle ou intense fuit ses émotions désagréables par le biais du shopping. Dans sa fuite, elle recherche les émotions agréables de fierté, de plaisir ou d'apaisement. En réalité, l'acheteuse oublie de s'attaquer à la cause des impulsions qui l'incitent aux achats. Et c'est ainsi qu'elle néglige ses sentiments profonds. En manque de sentiments positifs, elle succombe alors aux achats impulsifs.

Maintenant que la distinction entre un sentiment et une émotion est établie, que l'émotion qui rend accro chaque type d'acheteuse est percée à jour, vite, garçon, l'addition, s'il vous plaît !

La prochaine section permet d'effectuer un bref retour sur les informations importantes vues jusqu'ici. Par ailleurs, elle offre des données nouvelles concernant les achats impulsifs. Enfin, s'il est recommandé de vérifier une addition avant de la régler, il l'est tout autant de revisiter les concepts liés aux acheteuses. Mais où est-il ? Garçon ! Garçon ! L'addition, s'il vous plaît !

L'ADDITION, S'IL VOUS PLAÎT !

Au moment de mettre ce volume sous presse, il n'existe aucune statistique nationale relative aux dépensières pathologiques. Pas l'ombre d'une information quant à l'ampleur des achats impulsifs et à leurs conséquences. Il n'est donc pas possible de tracer un portrait fidèle de ce problème. Étonnant !

Tenus volontairement sous silence par l'auteur, les acheteurs masculins existent pourtant. Il semble qu'ils soient un peu moins nombreux que leur contrepartie féminine et davantage passionnés par l'électronique et les gadgets de toutes sortes. En pleine séance de magasinage, les hommes se défendent bien de s'identifier à des acheteurs. Ils affirment plutôt *faire de la recherche* ! Pour leur part, les acheteuses éprises de shopping apprécient particulièrement les vêtements et les chaussures. De plus, la déprime est une suite logique à leurs excès, qui, semble-t-il, ont une durée d'environ dix-huit mois. Glanées ici et là, ces quelques informations proviennent d'Internet, notamment de sites américains. Par conséquent, elles doivent être considérées avec retenue.

Comme il est mentionné au début de ce livre, il est tout à fait normal d'avoir des impulsions. Responsable de la plupart des achats anodins faits au quotidien, l'impulsion peut malheureusement provoquer des dépenses considérables et lourdes de conséquences. Échanger une voiture neuve simplement parce que la couleur ne plaît plus ou se porter acquéreur d'une maison juste parce qu'elle est mignonne en sont des exemples. Il appert donc que l'impulsion fournit l'énergie nécessaire pour faire des choses, pour passer à l'acte. C'est ainsi qu'une forte impulsion se manifeste auprès de l'acheteuse par le biais d'une pression intenable que seul l'achat atténue un peu. Et du coup, le geste d'acheter se compare à la levée graduelle du bouchon sur une cocotte-minute.

L'acheteuse n'est pas plus responsable de ressentir de fortes impulsions qu'elle ne l'est d'avoir les cheveux fournis. Elle peut toutefois s'appliquer à découvrir leur origine en s'intéressant aux sentiments profonds et négatifs qui habitent son cœur. Elle a avantage à percer leur secret : les sentiments négatifs augmentent les risques de développer les pires dépendances (au shopping, à l'alcool, à la drogue, à Internet, à la nourriture, etc.). Telle une éponge qui absorbe tout, les sentiments d'insatisfaction, d'ennui et d'insécurité sont de vrais capteurs de dépendance.

L'acheteuse recherche l'équilibre. Et, paradoxalement, ses achats impulsifs reflètent ce désir d'équilibre. Mais tant qu'elle ne s'intéresse pas à ses sentiments profonds, elle voit réapparaître sans cesse la pression d'acheter. Alors, de façon à ne pas vivre de conflit intérieur, elle transforme un désir en besoin. Comme elle se forge l'idée qu'elle a besoin de tel ou tel article, il s'écoule peu de temps avant de voir apparaître l'urgence d'acheter. Bref, le besoin est urgent et il vient de faire monter d'un cran la pression qui pousse à consommer.

Faut-il encore en douter, l'acheteuse éprouve un sentiment négatif qu'elle a avantage à identifier. Et pour y parvenir, elle est invitée à se pencher sur le contenu réel de ses sacs de shopping et sur son style d'acheteuse.

Il existe trois styles d'acheteuses : *la raffinée, la sensuelle* et *l'intense,* chacun cachant à sa façon une femme de passion. Alors que l'acheteuse raffinée éprouve un sentiment d'insatisfaction, l'acheteuse sensuelle est habitée par un sentiment d'ennui. Quant à l'acheteuse intense, elle combat un fort sentiment d'insécurité.

Les sentiments profonds ne se manifestent pas physiquement comme le font les émotions. Ils relèvent davantage d'une impression que d'une sensation physique. Ce sont eux qui préparent la voie aux émotions désagréables que l'acheteuse désire fuir par la suite. Conséquemment, l'acheteuse raffinée recherche la fierté, l'acheteuse sensuelle désire ressentir le plaisir et l'acheteuse intense espère toute émotion agréable qui l'apaise.

Lorsqu'on veut modifier volontairement ses émotions, par le biais d'une activité ou d'une substance (le shopping, l'alcool, la cigarette, la nourriture, etc.), cela indique qu'une dépendance est en train de se créer. Qu'elle soit de style *raffiné, sensuel* ou *intense,* l'acheteuse fuit volontairement ses émotions désagréables par le biais du shopping. Elle désire se sentir mieux ! En ne s'attardant pas à ses sentiments profonds, elle redouble d'ardeur dans les magasins pour modifier ses émotions.

Voilà ce qui résume la dynamique de l'acheteuse et la mécanique des achats impulsifs. Mais comment la lectrice peut-elle tirer avantage des connaissances fraîchement acquises ? Comment peut-elle préserver son équilibre, résister à la montée des impulsions qui la poussent à acheter ? La section suivante propose une occasion de rencontre entre la lectrice et ses forces intérieures. Une telle occasion se trouve peut-être là, au détour, tout au bout du cinquième rayon.

CINQUIÈME RAYON
ce qu'elle peut faire

L a connaissance de soi s'acquiert au fil des expériences d'une vie, elle ne s'achète pas. Par elle transitent l'espoir, l'amour, le bonheur et l'atteinte de l'équilibre. Bien entendu, connaître ses faiblesses et ses vulnérabilités constitue le premier pas vers cet état d'équilibre. Le second, quant à lui, implique d'apprivoiser ses forces intérieures. *L'estime de soi, la joie de vivre et la paix du cœur* représentent les plus belles forces intérieures qu'une personne puisse posséder. En allant à la rencontre de tels sentiments positifs, l'acheteuse se libère pas à pas des sentiments négatifs, de ses capteurs de dépendance.

IDENTIFIER SES FORCES INTÉRIEURES

Les forces intérieures représentent une véritable protection contre les pièges que tend parfois la vie. Et ce n'est pas sans raison qu'une personne résiste là où une autre s'effondre. En réalité, l'acheteuse en contact intime avec ses forces intérieures n'a pas à lutter contre ses impulsions. Sans effort, elle parvient à considérer le shopping pour ce qu'il est vraiment. En nourrissant l'acheteuse de l'intérieur, les sentiments profonds d'estime de soi, de joie de vivre et de paix du cœur la protègent.

Les forces intérieures ne sont pas des émotions passagères, elles sont plutôt des *sentiments profonds et durables*. Tel un ange gardien ou un parapluie, les forces intérieures protègent des intempéries de la vie.

LE PARAPLUIE DES FORCES INTÉRIEURES :
LES SENTIMENTS POSITIFS

Le parapluie des forces intérieures se compose d'estime de soi, de joie de vivre et de paix du cœur. En manque de ces forces intérieures, une femme de passion risque de se livrer aux achats impulsifs ou à toute autre dépendance. Le vide et les émotions désagréables qu'elle ressent alors la poussent vers la recherche d'émotions éphémères. Et c'est ainsi qu'en courant après la fierté, le plaisir ou l'apaisement, l'acheteuse s'essouffle. Puisqu'elle ne court pas dans la bonne direction, elle n'atteint jamais son objectif d'équilibre. Sans option alternative, elle n'a pas d'autres choix que de continuer sa course, ses courses. Mais après quoi pourrait-elle plutôt courir ?

L'estime de soi

L'estime de soi est une force intérieure de première instance, un sentiment durable et puissant qui permet à toute femme de se libérer du regard des autres. Celle qui la porte n'est pas avide des yeux qui lui parlent d'elle. Elle ne ressent donc pas le besoin d'impressionner les autres, de projeter une image particulière de pouvoir ou de réussite. Capable de se reconnaître des forces, mais également des faiblesses, elle est libre des illusions qui font paraître les autres démesurément grands. Plus que tout, elle accepte et aime sa profonde nature, celle d'être humainement imparfaite. En se libérant du perfectionnisme, elle se donne droit à l'erreur.

Celle qui s'estime ne combat pas le jugement des autres. Elle sait qu'il ne reflète en somme que leur propre difficulté à s'estimer. De plus, ses efforts ne visent pas à satisfaire leurs attentes irréalistes, mais à atteindre ses propres objectifs. Elle ne s'engage pas dans un duel contre elle-même. Sa vie n'est pas une bataille pour la réussite sociale, mais une rampe de lancement pour le dépassement de soi. Confiante et sûre d'elle, elle résiste aisément au jeu des comparaisons sociales. Avoir plus qu'une autre ne l'intéresse franchement pas. Être bien, par contre, motive ses choix. Elle aspire avant tout à se réaliser.

L'estime de soi est un miroir qui réfléchit la réalité telle qu'elle est : il ne grossit pas plus qu'il ne rapetisse. La personne se reconnaît alors une valeur et l'apprécie. Elle n'a donc pas *besoin* de l'émotion de fierté qui gonfle momentanément l'*ego* ou qui la rend superficielle. L'estime de soi permet à toute femme de reconnaître ses réalisations passées, d'en être satisfaite. Elle permet d'aimer la vie présente, puis d'espérer le futur.

«Je suis capable!» Cette phrase, reflet de la détermination des très jeunes enfants, n'est que trop souvent oubliée des adultes. L'estime de soi la remet en mémoire et lui redonne ses lettres de noblesse. C'est ainsi que la personne qui s'estime s'aventure du côté des défis. Dépourvue d'attentes irréalistes, elle espère atteindre l'objectif fixé. L'estime de soi donne ce qu'il faut de confiance pour oser combattre ce qui fait obstacle au bonheur, à la quête d'amour.

Pour celle qui s'estime, la relation amoureuse n'est pas le fer de lance d'une gloire personnelle. En s'aimant elle-même, en se rappelant qui elle est, elle désire plutôt voir s'épanouir les autres.

L'estime de soi permet de se reconnaître, libère du regard des autres, favorise le dépassement de soi et imprègne une franche confiance en soi. Mais surtout, l'estime de soi est le meilleur des boucliers contre le sentiment d'insatisfaction. Incapable de se reconnaître à sa juste valeur, l'acheteuse raffinée est en manque d'estime de soi.

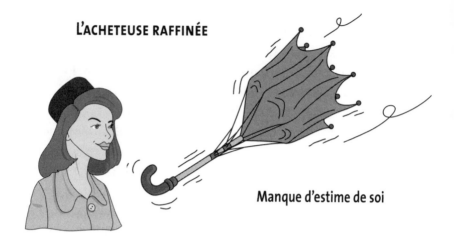

L'ACHETEUSE RAFFINÉE

Manque d'estime de soi

Bien que les produits pour cheveux spécialisés n'aient pas réussi à lui rabaisser la crinière, l'acheteuse à la *tête de lion* se présente tout de même à une soirée Tupperware. Sa meilleure amie, en pleine pâmoison, lui vante les mérites des petits contenants tout ronds : « Ils sont mignons et aideront à conserver le plus vieux des citrons ! » La *lionne* résistera-t-elle à toute cette pression ? Oui. Elle change. Sa copine pensera bien ce qu'elle voudra, elle aura beau faire l'œil rond, l'acheteuse n'achète plus dans le seul but de maintenir l'image ou d'attirer l'attention. Peu à peu, la *lionne* se libère du regard des autres, elle se reconnaît une valeur. Le cœur rempli de satisfaction, elle quitte la démonstration en laissant derrière ses démons !

L'estime de soi est sans aucun doute le sentiment le plus abordé dans la documentation, le mieux connu. Heureusement, de multiples interventions visent à stimuler le développement de ce sentiment précieux. Il semble toutefois que posséder une bonne estime de soi ne règle pas tout. Plusieurs personnes qui s'estiment succombent tout de même aux dépendances. À la réflexion, l'estime de soi n'est peut-être pas une panacée. Se peut-il alors que l'équilibre d'une personne repose sur plus d'un sentiment positif ?

De grande importance, la question suivante a déjà été soulevée : « L'équilibre d'une personne peut-il dépendre de l'harmonie entre sa capacité de se reconnaître, de se recentrer et de se ressourcer?» Le sentiment d'estime de soi va de pair avec la capacité de se reconnaître à sa juste valeur. Et personne n'en doute. Mais la capacité de se recentrer sur ses besoins véritables, de se ressourcer dans la spiritualité s'associerait-elle davantage à la joie de vivre et à la paix du cœur? L'auteur suggère de considérer ces deux sentiments profonds, *trop souvent laissés pour compte*, au même titre que l'estime de soi. Est-il exagéré de croire que la joie de vivre et la paix du cœur contribuent à l'équilibre d'une personne?

La joie de vivre

La joie de vivre, ce sentiment profond et positif, est rarement mentionnée à titre de force intérieure. Et pourtant! Ce sentiment profond indique la capacité d'une personne à se recentrer sur ses besoins véritables. Celle qui porte la joie de vivre *se permet de goûter aux plaisirs des sens,* de penser sainement à elle. Plus elle est en contact avec sa sensualité, plus sa vie devient euphorisante. Grâce à ses cinq sens, elle savoure pleinement chaque moment de la vie. Et c'est par eux qu'il lui est possible de s'*abandonner,* de goûter à l'expérience de la liberté. Celle qui a pour alliée la joie de vivre possède le cœur d'un enfant: curieux, imaginatif, ouvert, libre et amoureux. Avec, en prime, une étincelle au fond des yeux.

La joie de vivre suscite la formation d'émotions qui enivrent et elle envoie un message clair: «Il fait bon vivre. Que la vie est belle et bonne!» La joie de vivre rapproche des gens et augmente le désir de vibrer en harmonie avec eux. En ce sens, c'est un sentiment unifiant qui incite à s'allier la collaboration, à s'aliéner la compétition. Plus la joie de vivre occupe une place importante dans le cœur d'une personne, plus cette dernière accueille la vie comme un don, un privilège. La joie de vivre rend le pas léger, la lèvre souriante et l'œil à l'affût du bonheur. De plus, elle incite à la création d'œuvres artistiques qui propagent le langage des émotions, de l'authenticité. La joie de vivre permet cet état d'*ouverture* sur le monde et les gens: elle suscite l'apparition du désir puis elle donne la motivation nécessaire pour se développer, pour passer à l'action. C'est aussi elle qui crée le *mouvement* nécessaire à la réalisation de soi. Et enfin, sans joie de vivre, personne ne se couche sur le dos l'hiver pour faire des papillons dans la neige!

Force intérieure ou sentiment profond, la joie de vivre va de pair avec la capacité de se recentrer sur ses besoins véritables. Libre des *obligations fictives* envers les autres, la personne reprend contact avec qui elle est vraiment, avec ses sens, avec sa sensualité. La joie de vivre transmet cette impression de pouvoir s'envoler, elle donne des ailes. Mais surtout, la joie de vivre est le meilleur des boucliers contre le sentiment d'ennui. Incapable de se recentrer sur ses besoins véritables, l'acheteuse sensuelle est en manque de joie de vivre.

L'ACHETEUSE SENSUELLE

Manque de joie de vivre

Une année s'est écoulée. C'est déjà le retour de Noël! Cette année sera différente. *Mère Noël* change. Au lieu de faire des achats pour les autres, elle s'offre le luxe de la sensualité. Dessin, plein air, cours de danse et sexualité la font vibrer de nouveau. En se recentrant sur ses besoins véritables, *mère Noël* ne s'ennuie plus entre deux fêtes. Elle a même commencé à perdre du ventre. Ho! Ho! Père Noël, pas si fort!

La joie de vivre offre des avenues que l'estime de soi seule ne propose pas. À eux deux, ces sentiments positifs augmentent de façon incroyable la résistance d'une personne aux difficultés de la vie. Mais qu'en est-il de la personne qui possède la paix du cœur ?

La paix du cœur

La paix du cœur est cette force intérieure, ce sentiment durable qui indique la capacité d'une personne à se ressourcer, à puiser en elle-même les croyances spirituelles qui la nourrissent, qui la sécurisent. Cette force intérieure, la première en importance, propulse toute personne au-delà de la peur du manque et de l'inconnu. Là réside la solidité, la puissance profonde de l'individu. Là se trouve la confiance.

La paix du cœur rassasie en chassant au loin le vide et les façons irrationnelles de vouloir le combler. C'est ainsi qu'une personne *en paix* ne s'impose pas l'accumulation de biens, de relations interpersonnelles ou d'émotions agréables. Elle ne cherche pas plus à *se fuir* qu'à oublier sa vie. Puisqu'elle est en paix avec la vie, avec elle-même et avec les autres, elle sait qu'elle n'est pas seule et qu'elle possède la force d'affronter les difficultés. De même, la paix du cœur permet à une personne d'agir selon ses désirs et non selon ses peurs. Et sans elle, la vie perd de son sens. Ou plutôt, elle prend la direction que les peurs veulent bien lui faire prendre. Avec la paix du cœur, une personne donne volontairement un sens à sa vie. C'est-à-dire qu'elle la dirige là où elle veut aller. Elle s'approprie sa vie.

Puisque la paix du cœur est davantage abstraite que l'estime de soi ou la joie de vivre, il est tentant de croire qu'il est possible de vivre sans celle-ci. C'est une erreur. Elle est fondamentale puisqu'elle sécurise et apaise lors des épreuves qui jalonnent, un jour ou l'autre, le parcours d'une vie. La paix du cœur est un calmant naturel, un refuge, une protection qui berce et réconforte comme le fait la morphine contre les souffrances du mourant. C'est le quai sur lequel vient se frapper l'eau d'une mer agitée. Fort, ce quai résiste sans broncher ni contre-attaquer. C'est le pilier, la base de toute vie équilibrée.

Toutou *s-a-u-c-i-s-s-e* se fait vieux, et le coût des soins vétérinaires qu'il requiert est trop élevé pour grand-maman *Twiggy*. Elle qui n'a jamais dérangé quiconque se risquera-t-elle à demander de l'aide? Oui. Elle change. Bien sûr, elle risque d'essuyer un refus, mais pour recevoir il faut parfois demander. En évoluant, sa spiritualité la sécurise. Elle se ressource à même ses nouvelles pensées intérieures moins dramatiques! Wouf! Wouf! Pour qu'on s'occupe de lui, Toutou *s-a-u-c-i-s-s-e* fait du bruit! Grand-maman a compris!

La paix du cœur guide vers le bonheur en se jouant des peurs et de l'anxiété. C'est par elle que l'estime de soi et la joie de vivre prennent leur envol. Elle est en quelque sorte leur préalable. Car sans paix du cœur, personne ne peut aspirer à se reconnaître à sa juste valeur ni espérer se recentrer sur ses besoins véritables : la souffrance n'offre pas ce luxe. Alors qu'une personne souffrante espère recevoir, celle qui porte la paix du cœur espère donner. La peur du manque étant absente, rien n'est plus puissant que la paix du cœur pour guider une personne vers le don. Elle se sait protégée.

Il n'existe pas une façon unique de parvenir à la paix du cœur. La découverte d'une spiritualité qui apaise demande une grande curiosité, une longue exploration, mais surtout un retour vers soi. Nul doute, la paix du cœur est le meilleur des boucliers contre le sentiment d'insécurité. Incapable de se ressourcer dans la spiritualité, l'acheteuse intense souffre d'un manque de paix du cœur.

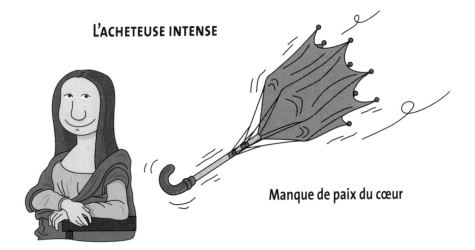

L'ACHETEUSE INTENSE

Manque de paix du cœur

Les trois forces intérieures pressenties pour favoriser la quête d'un état d'équilibre viennent d'être présentées : l'estime de soi, la joie de vivre et la paix du cœur. Ces sentiments durables, à ne pas confondre avec des émotions, offrent une protection contre les achats impulsifs ou toute autre dépendance. De fait, ils forment un admirable bouclier contre les sentiments profonds d'insatisfaction, d'ennui et d'insécurité. À vrai dire, les forces intérieures représentent la contrepartie des capteurs de dépendance. Et c'est ainsi qu'elles forment le parapluie qui empêche l'eau d'atteindre une éponge.

Il importe de mentionner que nulle personne n'est vouée à vivre en manque de forces intérieures. Or, il est possible de stimuler chacune d'elles et d'en augmenter le facteur de protection. En développant ses forces intérieures, l'acheteuse érige un mur toujours plus haut entre elle et les achats impulsifs. En réalité, il est bénéfique de développer *toutes* les forces intérieures, mais surtout celles qui lui font défaut ! Dans son désir d'améliorer ses forces intérieures, comment une acheteuse peut-elle tirer profit de l'identification de son style d'acheteuse ?

IDENTIFIER SON STYLE D'ACHETEUSE

«Suis-je une acheteuse raffinée, sensuelle ou intense?» En répondant à cette question, l'acheteuse fait un pas de plus vers la maîtrise de ses achats impulsifs. Très vite, elle démasque son capteur de dépendance, l'émotion agréable à laquelle elle est accro et la force intérieure qui lui fait défaut. Le tableau suivant offre un aperçu de ce que le style de l'acheteuse révèle en un seul coup d'œil.

STYLE D'ACHETEUSE	CAPTEUR DE DÉPENDANCE	ACCRO À L'ÉMOTION	MANQUE
La raffinée	Insatisfaction	Fierté	Manque d'estime de soi
La sensuelle	Ennui	Plaisir	Manque de joie de vivre
L'intense	Insécurité	Apaisement	Manque de paix du cœur

Ce tableau offre une synthèse de la dynamique de chacun des styles d'acheteuses. Par conséquent, il est suggéré à la lectrice de s'amuser à le reproduire de mémoire. Bien entendu, ce n'est pas facile, mais il s'agit là d'une bonne façon de s'approprier son contenu. La lectrice s'identifie-t-elle davantage à un style d'acheteuse plutôt qu'à un autre? Reconnaît-elle des personnes de son entourage aux prises avec cette même dynamique? En réalité, qu'il s'agisse d'acheter des vêtements, d'acheter de la nourriture, d'acheter de l'alcool, d'acheter de la drogue ou d'acheter du rêve, il s'agit tout de même d'acheter. Tout le monde consomme.

Les manques d'estime de soi, de joie de vivre et de paix du cœur sont très répandus au sein de la population. Et tant que l'équilibre entre ces courants de fond n'est pas rétabli, une personne ressent des émotions désagréables et des impulsions de toutes sortes. Ainsi vulnérable, elle risque de développer des dépendances. En vérité, ni l'achat ni aucune fuite de l'esprit ne règle jamais la blessure sise bien au fond de soi. Mais encore faut-il savoir comment identifier ce manque. Par bonheur, en identifiant son style d'acheteuse, la lectrice fait un pas dans cette direction.

Il est possible que la lectrice possède déjà une idée de son style d'acheteuse. Déjà, elle se reconnaît davantage dans la dynamique d'une acheteuse raffinée, sensuelle ou intense. Mais, il faut l'avouer, il peut être difficile de s'y retrouver. C'est pourquoi un court questionnaire, « Mon style d'acheteuse », sans prétention scientifique, est mis à la disposition de celle qui désire préciser davantage son style. Ce questionnaire propose quatre questions peu complexes. Par contre, il faut absolument avoir lu les pages qui précèdent avant d'y répondre, sans quoi il perd tout son sens.

Notre acheteuse en manque de draps s'est prêtée au jeu de ce questionnaire. Impatiente de préciser son style, elle désire qu'il soit analysé devant la lectrice. C'est donc avec générosité qu'elle met ses résultats à sa disposition. Après quoi, la lectrice sera invitée à remplir son propre questionnaire. Dans son intérêt, il lui est suggéré d'attendre jusque-là avant d'y répondre. À moins, bien entendu, qu'elle ne flanche sous l'impulsion (!).

Le questionnaire « Mon style d'acheteuse » évalue la perception que la lectrice a d'elle-même, et ce qu'elle croit représenter pour les autres. Or, à bien y réfléchir, il arrive que la perception des autres s'approche davantage de la réalité. Il est donc bénéfique pour la lectrice d'en tenir compte.

« On aura beau vous *dire* 100 fois une chose, ça ne vaudra jamais l'avoir *vue* une fois ! » (*début* d'un proverbe asiatique) Et une photo ne vaut-elle pas 1000 mots ? Voici donc les réponses de *notre acheteuse* Codou (prénom sénégalais, de prononciation *K-doux*) au questionnaire « Mon style d'acheteuse ».

À chacune des questions suivantes, noircissez la ou les cases-réponses qui vous décrivent le mieux.

1. Votre meilleure amie dirait que vous avez le style...

Raffiné — de Jackie Kennedy ■

Sensuel — de la Vénus de Milo ■

Intense — de la Joconde ☐

2. Vous vous identifiez davantage au style...

Raffiné — de Jackie Kennedy ■

Sensuel — de la Vénus de Milo ■

Intense — de la Joconde ☐

3. Votre meilleure amie dirait que vous ressemblez au lapin Energizer...

Raffiné — qui réussit des choses sans en être satisfait ☐

Sensuel — qui n'est pas centré sur ses besoins et qui s'ennuie ■

Intense — qui vit de l'insécurité parce qu'on l'a brassé trop fort ☐

4. Vous diriez que vous ressemblez au lapin Energizer...

Raffiné — qui réussit des choses sans en être satisfait ☐

Sensuel — qui n'est pas centré sur ses besoins et qui s'ennuie ■

Intense — qui vit de l'insécurité parce qu'on l'a brassé trop fort ☐

À partir des réponses de *notre acheteuse* Codou, comment est-il possible de définir son style avec plus de précision ? Pour y parvenir, il suffit de consulter la fiche d'identification présentée ci-dessous.

CODOU KHOUSSA

FICHE D'IDENTIFICATION

MON STYLE D'ACHETEUSE

Combien de fois avez-vous donné comme réponse le style RAFFINÉ ?

0, 1, 2, 3 ou 4 fois : *2 fois*

Combien de fois avez-vous donné comme réponse le style SENSUEL ?

0, 1, 2, 3 ou 4 fois : *4 fois*

Combien de fois avez-vous donné comme réponse le style INTENSE ?

0, 1, 2, 3 ou 4 fois : *0 fois*

Le style qui revient le plus souvent est le vôtre !

Je suis une acheteuse de style : SENSUEL ET RAFFINÉ

Cette fiche d'identification met en lumière le style d'acheteuse *sensuel et raffiné* de Codou. Ceux qui la connaissent bien n'ont d'autres choix que d'être en accord avec ce résultat. Codou est indéniablement une femme sensuelle et raffinée. Il est donc normal et prévisible que sa façon d'être au quotidien se transpose dans son style d'acheteuse.

« On aura beau *voir* 100 fois une chose, ça ne vaudra jamais l'avoir *vécue* une fois ! » (*fin* d'un proverbe asiatique) La lectrice est maintenant conviée à remplir le questionnaire « Mon style d'acheteuse », proposé ci-après, en noircissant toutes les cases-réponses auxquelles elle s'identifie. Il est préférable qu'elle réponde à chacune des questions avec spontanéité. Plusieurs choix de réponses par question sont possibles.

Mon style d'acheteuse

À chacune des questions suivantes, noircissez la ou les cases-réponses qui vous décrivent le mieux.

1. **Votre meilleure amie dirait que vous avez le style...**

RAFFINÉ — de Jackie Kennedy ☐

SENSUEL — de la Vénus de Milo ☐

INTENSE — de la Joconde ☐

2. **Vous vous identifiez davantage au style...**

RAFFINÉ — de Jackie Kennedy ☐

SENSUEL — de la Vénus de Milo ☐

INTENSE — de la Joconde ☐

3. **Votre meilleure amie dirait que vous ressemblez au lapin Energizer...**

RAFFINÉ — qui réussit des choses sans en être satisfait ☐

SENSUEL — qui n'est pas centré sur ses besoins et qui s'ennuie ☐

INTENSE — qui vit de l'insécurité parce qu'on l'a brassé trop fort ☐

4. **Vous diriez que vous ressemblez au lapin Energizer...**

RAFFINÉ — qui réussit des choses sans en être satisfait ☐

SENSUEL — qui n'est pas centré sur ses besoins et qui s'ennuie ☐

INTENSE — qui vit de l'insécurité parce qu'on l'a brassé trop fort ☐

Une fois le questionnaire «Mon style d'acheteuse» rempli, il suffit d'utiliser la fiche d'identification du style pour connaître le résultat. La lectrice est dorénavant apte à spécifier son style d'acheteuse en se servant de la fiche d'identification proposée à la page suivante. Et le style de la lectrice est... roulements de tambour!

Si, pour une raison ou une autre, l'interprétation du questionnaire « Mon style d'acheteuse » pose problème, la lectrice est invitée à inscrire le style d'acheteuse dans lequel elle se reconnaît intuitivement. Elle choisit alors entre la raffinée, la sensuelle ou l'intense.

Mon style d'acheteuse est : _____

Par souci de clarté, voici en nombre impair, tel un bouquet de fleurs, des exemples fictifs de styles d'acheteuses. Marguerite est de style *raffiné* puisque la totalité de ses réponses au questionnaire correspond à la raffinée. Quant à Violette, elle est de style *raffiné, sensuel et intense* : ses réponses incluent tous les styles. Rose, pour sa part, est de style *sensuel et intense* : aucune de ses réponses ne correspond à la raffinée. Tous les styles ou combinaisons de styles d'acheteuses existent. Ainsi, il ne faut pas s'étonner de posséder un style d'acheteuse avec une, deux ou même trois composantes.

En identifiant son style d'acheteuse, la lectrice franchit un pas de plus vers la quête de l'équilibre et le maintien de saines habitudes d'achat. Son style bien en tête (invitation *subliminale* à le garder en mémoire ☺), elle peut maintenant utiliser ses *cartes de répit*. Cartes de quoi ? De répit !

UTILISER SES CARTES DE RÉPIT

Mais qu'est-ce qu'une *carte de répit* ? En tant que solution alternative à la carte de crédit, la carte de répit rappelle à l'acheteuse son besoin réel, la force intérieure qu'il lui est préférable de développer. Chaque carte de répit insérée dans le porte-monnaie se substitue aux cartes de crédit. Ainsi, au moment où elle ressent la montée d'une impulsion, l'acheteuse consulte la carte de répit qui la concerne. En interrompant l'impulsion, elle s'offre un temps de réflexion, puis elle choisit de compléter ou non la transaction. Bien entendu, la décision finale lui revient. C'est le prix de la liberté !

Il faut le reconnaître, seule l'acheteuse peut provoquer la rencontre avec ses forces intérieures. Les cartes de répit lui offrent cette opportunité de rencontre.

Il existe trois cartes de répit : *Diva, Plaisir express* et *Plastercard*. La première est tout indiqué pour l'acheteuse raffinée, la deuxième pour l'acheteuse sensuelle, et la troisième pour l'acheteuse intense. Il va de soi qu'une acheteuse glisse autant de cartes de répit dans son porte-monnaie que son style le lui demande. Par conséquent, une acheteuse de style sensuel n'utilise qu'une seule carte de répit. Une autre, de style raffiné, sensuel et intense, se sert des trois cartes, et ainsi de suite.

Diva : la carte de l'acheteuse raffinée

Au comptoir des magasins, l'acheteuse *raffinée* se retrouve seule, face à elle-même, devant une impulsion qui l'incite à acheter. En sortant sa carte de répit *Diva*, l'acheteuse raffinée se demande : « Ai-je réelle

ment *besoin* d'un nouveau bracelet, d'une brève émotion de fierté, ou ai-je plutôt besoin de *me reconnaître à ma juste valeur ?* »

Plaisir express : la carte de l'acheteuse sensuelle

Au comptoir des magasins, l'acheteuse *sensuelle* se retrouve seule, face à elle-même, devant une impulsion qui l'incite à acheter. En sortant sa carte de répit *Plaisir express*, l'acheteuse sensuelle se demande : « Ai-je réellement *besoin* d'un nouveau parfum, d'une brève émotion de plaisir, ou ai-je plutôt besoin de *me recentrer sur mes besoins véritables ?* »

Plastercard : la carte de l'acheteuse intense

Au comptoir des magasins, l'acheteuse *intense* se retrouve seule, face à elle-même, devant une impulsion qui l'incite à acheter. En sortant sa carte de répit *Plastercard*, elle se demande : « Ai-je réellement *besoin*

de trois chemisiers, d'une brève émotion qui apaise, ou ai-je plutôt besoin de *me ressourcer dans la spiritualité ?* »

La carte de répit vise à remplacer la carte de crédit ou, du moins, à lui tenir compagnie. D'abord, l'acheteuse s'exerce à la consulter devant la montée d'une impulsion. Ensuite, elle décide ! Elle s'offre ou non une rencontre avec ses forces intérieures.

Codou, *notre acheteuse* de style sensuel et raffiné, est en route pour le magasin depuis 15 minutes déjà. Elle en est convaincue, elle aimera les nouveaux draps pour le meilleur et pour le pire. Chaussures nouvelles mais inconfortables aux pieds (le confort tue la mode !), manteau léger sur le dos (la chaleur la rend agressive), pomme rouge dissimulée dans son sac à main (elle se croit hypoglycémique), elle est fin prête à prononcer les vœux : « Oui, je les veux ! » Enfin ! Elle est arrivée ! Codou entre à toute vitesse dans la boutique pour s'approprier *ses* draps. Mais au moment d'ouvrir son porte-monnaie, elle entrevoit deux cartes de répit. En se reculant d'un pas, elle risque un coup d'œil à leur endroit. Achètera-t-elle *ses* fameux draps ? Elle ne sait pas. Elle y réfléchit…

Dans l'éventualité où l'acheteuse choisit la rencontre avec ses forces intérieures, plutôt que de se laisser aller à son impulsion, comment peut-elle utiliser ses cartes de répit de façon efficace ? Chaque carte de répit lui indique une piste à suivre en direction d'une force intérieure. Mais pour cela, l'acheteuse doit renoncer à ressentir l'émotion superficielle qu'elle recherche par le biais de ses achats. En refusant l'émotion agréable de fierté, de plaisir ou d'apaisement, l'acheteuse se rend disponible à éveiller ses forces intérieures. Ainsi, la carte *Diva* guide l'acheteuse raffinée vers l'estime de soi en lui suggérant ceci : « Me reconnaître à ma juste valeur ». La carte *Plaisir express* oriente l'acheteuse sensuelle vers la joie de vivre en lui proposant ceci : « Me recentrer sur mes besoins véritables ». Puis, la carte *Plastercard* dirige l'acheteuse intense vers la paix du cœur en lui indiquant ceci : « Me ressourcer dans la spiritualité ».

Me reconnaître à ma juste valeur ──────────▶ L'estime de soi

Me recentrer sur mes besoins véritables ──────────▶ La joie de vivre

Me ressourcer dans la spiritualité ──────────▶ La paix du cœur

Favoriser la rencontre des forces intérieures

La rencontre des forces intérieures est possible, mais elle demande une bonne dose de curiosité et de détermination. Il faut l'avouer, les sentiments profonds ne se modifient que très graduellement : il s'agit davantage d'un processus lent que d'une découverte spontanée. Ainsi, l'estime de soi, la joie de vivre et la paix du cœur se gagnent et se méritent à force de recherche et d'intériorité. Par conséquent, les forces intérieures ne répondent ni aux transformations rapides ni aux recettes miracles. Seuls des changements d'attitudes en profondeur mènent à elles. Mais quelles sont les attitudes qui aident une personne à se reconnaître à sa juste valeur, à se recentrer sur ses besoins véritables et à se ressourcer dans la spiritualité ?

 Elle n'en peut plus ! Sa crinière résiste même à la pluie. La *lionne* raffinée est sur le point de flancher, de se laisser aller à une impulsion : « Un fer chauffant, voilà la solution ! » Mais juste avant de payer l'article en question, la *lionne* recule d'un pas. Non pas qu'elle ait peur. Au contraire. Elle vient de saisir sa carte de répit *Diva*. Elle s'offre un moment de répit, un moment de réflexion. Plutôt que de gâcher sa vie à vouloir être parfaite, la *lionne* choisit de se dire qu'au fond une mèche rebelle ne la rend pas moins belle !

Depuis peu, la *lionne* de style raffiné s'exerce à aller au-devant de ses forces intérieures. Elle s'amuse à expérimenter les nouvelles attitudes qui l'aident à se reconnaître à sa juste valeur. Voici quelques-unes de ces attitudes :

SE RECONNAÎTRE À SA JUSTE VALEUR :

EN ROUTE VERS L'ESTIME DE SOI

L'ACHETEUSE RAFFINÉE

– Être clémente et douce envers soi-même : la perfection n'existe pas.
– Poser un regard neutre sur les réalisations des autres. Se méfier des comparaisons.
– Être attentive à ses succès. Prendre le temps de les souligner.

Être clémente et douce envers soi-même : la perfection n'existe pas

Facile à énoncer, plus difficile à appliquer ! Il n'empêche que l'estime de soi ne se nourrit ni de blâmes ni d'accusations. Cela étant dit, être clémente et douce envers soi-même ne signifie pas qu'il faille laisser tomber son désir d'exceller. Au contraire, plus une personne se donne entièrement à une tâche, plus elle peut en retirer de la satisfaction. Mais encore faut-il qu'elle reconnaisse ses efforts, qu'elle voie le chemin parcouru à ce jour.

L'acheteuse raffinée est beaucoup trop sévère envers elle-même. Il lui arrive alors de braquer sur elle ses jumelles en sens inverse : elle se voit trop petite et de trop loin. Forcément, elle se perd de vue ! Alors comment peut-elle aimer ce qu'elle ne voit pas ? En dépit de ses nombreuses réalisations, l'acheteuse raffinée conserve l'illusion de ne jamais en faire assez. Qu'elle se rassure, elle est suffisamment performante. Mais une question demeure : choisira-t-elle de se pardonner ses erreurs ?

Poser un regard neutre sur les réalisations des autres et se méfier des comparaisons

L'estime de soi dépend de la capacité de se reconnaître à sa juste valeur. Mais comment cela est-il possible lorsque les autres paraissent si grands ? Lilliputienne parmi une horde de Gulliver, l'acheteuse raffinée constate avec admiration et envie les réalisations grandioses des géants qui l'entourent. En contrepartie, tout ce qu'elle réussit lui paraît insignifiant. Par conséquent, elle ne parvient jamais à se satisfaire de ses propres réussites.

En se méfiant des comparaisons avec les autres, l'acheteuse raffinée peut désormais apprécier la qualité de ses réussites. Mais par-dessus tout, elle réalise que le parcours vers la réussite compte davantage que la réussite elle-même. Se reconnaître une volonté de réussir implique forcément de se reconnaître des qualités. Mais une question demeure : l'acheteuse raffinée choisira-t-elle de se reconnaître des qualités ?

Être attentive à ses succès et prendre le temps de les souligner

Trop affairée à performer, l'acheteuse raffinée oublie de souligner ses propres succès. D'abord, elle ne les voit pas. Alors, il n'y a pas d'ensuite. Comme elle ne s'attarde pas à la qualité de ce qu'elle accomplit, elle ne juge pas nécessaire de se récompenser. En conséquence, ses réussites passent inaperçues à ses propres yeux. Mais à la réflexion, s'il importe de souligner les deuils par des rituels, ne devrait-il pas importer davantage de marquer les succès par un rite quelconque ? Les rituels offrent l'opportunité d'ancrer une réalité, de réaliser l'importance d'une chose.

Dans sa quête d'estime de soi, l'acheteuse raffinée a avantage à célébrer ses réussites, à les marquer d'un rituel. Pour qu'une chose s'inscrive, elle doit être notée ! Le temps est à la fête ! Et il n'est jamais trop tard pour bien faire : les succès passés peuvent être notés puis célébrés. Une question demeure : l'acheteuse raffinée choisira-t-elle de savourer ses succès ?

Mère Noël, qui va de plus en plus à la rencontre de ses forces intérieures, vient de recevoir un remboursement d'impôt inattendu. Évidemment, sans le vouloir, elle est déjà en train de faire du shopping. Oups ! Une petite rechute ! Mais avant de succomber, de tout acheter, cette acheteuse sensuelle fouille dans sa poche. Surprise ! Elle trouve une carte de répit *Plaisir express*. Elle s'offre un moment de répit, un moment de réflexion. Les ho ! ho ! prennent alors une tout autre signification. Son cœur d'enfant lui parle au-dedans. En *pas de deux,* sur la pointe des pieds, elle quitte les lieux. Un cours de danse l'attend !

Les réflexes de shopping de *mère Noël,* de style sensuel, sont très forts. Il est donc normal qu'ils reviennent la hanter à l'occasion. Mais les nouvelles attitudes qu'elle intègre peu à peu l'aident à se recentrer sur ses besoins véritables.

SE RECENTRER SUR SES BESOINS VÉRITABLES :

EN ROUTE VERS LA JOIE DE VIVRE

L'ACHETEUSE SENSUELLE

– Être active par rapport à ses propres besoins. Ne pas attendre que les autres y répondent.
– Explorer de nouvelles activités. Se rapprocher de sa sensualité.
– Apprendre à se dire oui.

Être active par rapport à ses propres besoins et ne pas attendre que les autres y répondent

La joie de vivre dépend de l'habileté d'une personne à se recentrer sur ses besoins véritables. Mais quels sont les besoins véritables de l'acheteuse sensuelle ? Qu'aimait-elle faire lorsqu'elle était enfant ? Encline à faire plaisir aux autres, elle s'éloigne de qui elle est et de ce qu'elle aime. Progressivement, elle perd la notion de ce qui lui fait vraiment plaisir. Elle est décentrée d'elle-même : elle ne reconnaît plus ses besoins véritables. Forcément, les autres héritent du mandat de lui faire plaisir. Forcément, ils la déçoivent !

Il faut l'avouer, il peut être difficile de reprendre contact avec ses besoins véritables. D'autant plus que ce processus se vit souvent dans la culpabilité. Il ne faut pourtant pas y renoncer : la culpabilité passe...

Une façon toute simple de reprendre contact avec ses besoins véritables consiste à *être à l'écoute* de soi. Une fois les besoins identifiés, il s'agit de travailler de façon active à les combler en n'attendant pas après les autres. Après tout, les besoins de l'acheteuse sensuelle ne sont-ils pas aussi importants que ceux des gens de son entourage ? Mais une question demeure : choisira-t-elle de s'accorder du temps, de penser à elle ?

Explorer de nouvelles activités et se rapprocher de sa sensualité

Être à l'écoute de soi demande de la curiosité, de l'exploration. Et quoi de plus agréable que d'explorer sa sensualité ? Souvent sacrifiée, la sensualité demeure pourtant la meilleure façon d'apprécier la vie. S'ouvrir aux sens, c'est s'ouvrir à soi. Ouverture. Écoute. Ouverture.

Existe-t-il une meilleure façon de se rapprocher de soi que par l'entremise de ce qui fait vibrer ? En recherchant les occasions de vivre sa sensualité, l'acheteuse sensuelle se rapproche de qui elle est. La vie est bonne. Il faut la goûter. Mais une question demeure : l'acheteuse sensuelle osera-t-elle à nouveau le plaisir des sens ?

Apprendre à se dire oui

Pour s'ouvrir à soi, il faut parfois dire *non* aux autres. Ou plutôt, il faut savoir se dire *oui* à soi. *Être à l'écoute* de ses besoins véritables ne se fait pas *contre* les autres mais *pour* soi. Fondamentalement généreuse, l'acheteuse sensuelle aime combler les désirs des gens qui l'entourent. Alors, quoi de plus normal qu'elle trouve difficile de leur refuser des choses ? Mais qui s'occupe d'elle ? Qui est responsable de sa vie ?

Bien entendu, il est naturellement difficile de dire *non*. Comme il est naturellement difficile de se lancer du haut d'un tremplin pour la première fois. Il n'y a pas d'autre solution que de plonger ! Le risque accompagne parfois la joie de vivre ! Mais une question demeure : l'acheteuse sensuelle prendra-t-elle le risque de se dire *oui* ?

 Grand-maman *Twiggy* s'affirme de plus en plus. Elle réalise qu'il est important que ses enfants la connaissent avant qu'il ne soit trop tard. Mais aujourd'hui, elle a le cafard. Et contre cette émotion, elle possède une très bonne solution : dépenser sans raison ! Dans l'allée des bonbons, elle fouille dans son sac à main : «Me reste-t-il des *paparmannes* à la maison ?» Sans trouver réponse à son interrogation, elle tombe sur une carte de répit *Plastercard*. Elle s'offre un moment de répit, un moment de réflexion. Grand-maman *Twiggy* remet sur les étagères tout le contenu de son wagon. Elle préfère dire non !

C'est en son for intérieur que grand-maman *Twiggy,* de style intense, puise ses nouvelles émotions. Elle développe de nouvelles attitudes qui l'aident à se ressourcer dans la spiritualité.

SE RESSOURCER DANS LA SPIRITUALITÉ :
EN ROUTE VERS LA PAIX DU CŒUR
L'ACHETEUSE INTENSE

- Ouvrir son esprit à la philosophie, à la psychologie, à la théologie, etc.
- Entretenir la souplesse dans sa façon de voir la vie.
- S'affirmer avec amour : se faire connaître des autres.

Ouvrir son esprit à la philosophie, à la psychologie, à la théologie, etc.

La capacité de se ressourcer dans une spiritualité qui apaise offre une grande protection contre les coups durs de la vie. Mais il faut le reconnaître, la paix du cœur ne se reçoit pas toujours en cadeau. Pour certaines personnes blessées par la vie, elle se gagne durement. C'est-à-dire qu'elle se développe à force d'ouvrir son esprit aux croyances apaisantes. Par conséquent, il est de la responsabilité de chaque acheteuse intense de partir à la conquête de la paix du cœur, à la conquête des croyances qui l'apaisent.

Autant certaines croyances font souffrir, autant d'autres apaisent. Par bonheur, il est possible de modifier volontairement les croyances nuisibles. C'est pourquoi il importe de trouver sa voie. La philosophie, la psychologie, la théologie, etc., créent toutes des opportunités de rencontre avec de nouvelles croyances. Or, ces informations dorment à certains endroits. Il suffit souvent de s'y rendre.

Tendre l'oreille est également une très bonne avenue vers la paix du cœur : un seul mot peut changer une vie ! En provoquant les rencontres nouvelles, l'acheteuse intense fait un pas de plus vers elle-même. Mais une question demeure : choisira-t-elle de s'ouvrir à une vision nouvelle ?

Entretenir la souplesse dans sa façon de voir la vie

La façon de concevoir la vie influence grandement le bien-être d'une acheteuse intense. Plus elle s'exerce volontairement à entretenir des pensées apaisantes, plus elle gagne en paix du cœur. Ainsi, par sa volonté, elle peut modifier des *pensées* qui l'insécurisent. Quand une pensée négative se pointe, elle la pointe en retour d'un nouveau questionnement : « Est-ce une pensée qui augmente ou diminue ma paix du cœur ? Ai-je intérêt à la modifier ? » L'acheteuse qui s'exerce à *questionner* ses pensées gagne en paix du cœur.

Grand-maman *Twiggy* recherche Toutou *s-a-u-c-i-s-s-e*. Il a disparu. Tout de suite, elle se surprend à penser : « Oh non ! On l'a sûrement écrasé ! » Mais depuis qu'elle s'efforce de trouver activement la paix du cœur, grand-maman sait qu'elle peut agir sur ses pensées. Alors, en pointant cette pensée intérieure, elle se demande : « Est-ce une pensée qui augmente ou diminue ma paix du cœur ? Ai-je intérêt à la modifier ? » Pleine de ressources, voilà ce qu'elle a trouvé : « Un instant, grand-maman ! Rien ne dit qu'il est prêt pour la pâtée ! » Ce faisant, elle continue à le chercher. Par bonheur, elle le retrouve le museau calé dans l'oreiller.

Tel un peintre qui améliore sans cesse son œuvre, l'acheteuse intense a le choix de modifier la couleur de ses pensées. Entre le dramatique et le comique, il y a parfois le pratico-pratique ! Les pensées apaisantes aident à se ressourcer. Mais une question demeure : l'acheteuse intense choisira-t-elle de s'amuser à les modifier ?

S'affirmer avec amour : se faire connaître des autres

En prenant le temps de clarifier sa pensée, en s'assurant qu'elle ne vise pas à blesser, il est peu risqué de s'affirmer avec amour. Réalisée avec amour, sur fond de bonne volonté, l'affirmation est un acte de générosité : elle permet de se faire connaître des autres. Qui plus est, l'affirmation de soi est une habileté qui se développe, à laquelle on peut s'exercer. Ainsi, l'acheteuse intense peut apprendre à la maîtriser.

L'acheteuse intense recèle une richesse intérieure qu'elle doit partager. Bien entendu, il y a un risque à s'affirmer. Cependant, existe-t-il un risque à ne pas le faire ? Observer. Se risquer. Observer. S'ajuster. Voilà une source où l'estime de soi et la joie de vivre prennent plaisir à se baigner ! Mais une question demeure : l'acheteuse intense choisira-t-elle de s'y rafraîchir ?

En travaillant à se reconnaître à sa juste valeur, à se recentrer sur ses besoins véritables et à se ressourcer dans la spiritualité, l'acheteuse investit au bon endroit! Les sentiments d'insatisfaction, d'ennui et d'insécurité sont à la base de plusieurs impulsions de faire des achats. Il est donc tentant pour l'acheteuse de vouloir s'en débarrasser. Mais bien qu'il soit fondamental d'en comprendre les rouages, il est préférable de ne pas en faire un objectif de changement. Ne vaut-il pas mieux développer ses forces intérieures? C'est ainsi que les cartes de répit *Diva*, *Plaisir express* et *Plastercard* orientent l'acheteuse vers la multiplication de ses sentiments positifs et non vers l'atténuation de ses faiblesses.

Bien entendu, les forces intérieures se développent hors des magasins et les attitudes qui y mènent sont multiples et varient d'une acheteuse à une autre. C'est pourquoi les attitudes suggérées dans ce livre demeurent peu nombreuses : il n'existe pas de recette universelle pour accéder à l'estime de soi, à la joie de vivre et à la paix du cœur. Il faut le reconnaître, chaque acheteuse est responsable de découvrir sa légende personnelle. Par bonheur, les cartes de répit la guident dans cette direction.

L'acheteuse qui différencie une émotion superficielle d'un sentiment profond devient capable de choisir ce qu'elle veut vraiment : elle se réapproprie un bout de liberté. Les cartes *Diva*, *Plaisir express* et *Plastercard* permettent d'instaurer une période de réflexion propice à renoncer à une émotion superficielle telle que la fierté, le plaisir ou l'apaisement. Dès lors, l'acheteuse s'offre une occasion de résister à l'émotion à laquelle elle est parfois accro. En renonçant à un achat impulsif, l'acheteuse raffinée refuse de se laisser prendre par une émotion éphémère de fierté inutile à son estime de soi. En laissant tomber un achat impulsif, l'acheteuse sensuelle dit non à une émotion brève de plaisir qui n'a aucun effet durable sur sa joie de vivre. De même, en s'abstenant de succomber à une impulsion de faire un achat, l'acheteuse intense renonce à une courte émotion qui l'apaise sans la sécuriser.

En somme, l'acheteuse consulte une ou plusieurs cartes de répit au moment même de ressentir une impulsion d'acheter.

L'interruption du geste de payer l'article permet de prendre une décision éclairée: l'acheteuse veut-elle des souliers, désire-t-elle une émotion éphémère? En choisissant plutôt la rencontre de ses forces intérieures, l'acheteuse provoque des changements durables et donne un sens à sa vie.

> Devant une prochaine impulsion d'acheter, que choisira l'acheteuse :
> le crédit ou le répit ?

Conclusion

L'acheteuse est une femme de passion qui aime magasiner ! Mais il arrive que ses sacs de shopping contiennent des sentiments profonds d'insatisfaction, d'ennui ou d'insécurité qui la poussent vers les achats. Alors, dans sa quête d'équilibre, l'acheteuse transforme, comme elle seule sait le faire, un désir en un besoin urgent. Et peu à peu, elle devient accro des émotions agréables liées au shopping. C'est alors qu'elle s'amourache des émotions qui la rendent fière, qui lui font plaisir ou qui l'apaisent un peu. Désormais éprise de shopping, elle adopte un style d'acheteuse raffiné, sensuel ou intense. En réalité, plus son style est prononcé, plus elle risque de manquer d'estime de soi, de joie de vivre ou de paix du cœur. Pourtant, les achats impulsifs ne la rapprochent jamais de ses forces intérieures.

Grâce à un nouveau questionnaire, l'acheteuse peut maintenant déterminer son style et mieux cibler les forces intérieures qu'il lui est préférable d'améliorer. Après quoi, munie de cartes de répit, propres à l'acheteuse raffinée, sensuelle ou intense, elle dispose d'une option alternative à l'achat impulsif. En apprenant à se reconnaître, à se recentrer et à se ressourcer, l'acheteuse acquiert des attitudes nouvelles qui l'accompagnent vers ses propres forces intérieures.

Il relève de chaque acheteuse de trouver sa voie, sa façon de créer la rencontre avec l'estime de soi, la joie de vivre et la paix du cœur. En utilisant ses cartes de répit, elle fait un pas dans cette direction. Après quoi, la vie, le temps et l'amour se chargent de l'y mener inévitablement.

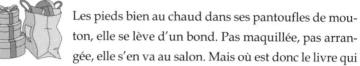 Les pieds bien au chaud dans ses pantoufles de mouton, elle se lève d'un bond. Pas maquillée, pas arrangée, elle s'en va au salon. Mais où est donc le livre qui lui parle d'elle et de sa passion? *La lectrice* aime le consulter à l'occasion. Elle se voit tour à tour raffinée, sensuelle et intense. C'est ça l'équilibre et elle le comprend. *La lectrice* belle intérieurement préfère le répit au crédit. Elle aspire à une vie remplie d'amour et de relations vraies. Elle aime être qui elle est! Rien n'est plus comme avant; la lectrice sait maintenant pourquoi et un tant soit peu comment.

«Gérard, viens voir, je pense que t'es une sensuelle-intense!»

Annexe 1

MODÈLE CONCEPTUEL

THÉORIE NOUVELLE :
LES CAPTEURS DE DÉPENDANCE

Modèle conceptuel
Théorie nouvelle* : les capteurs de dépendance

Style d'acheteuse	Capteur de dépendance	Accro à l'émotion	Manque	Attitude nouvelle
La raffinée**	Insatisfaction	Fierté	Manque d'estime de soi	Se reconnaître
La sensuelle**	Ennui	Plaisir	Manque de joie de vivre	Se recentrer
L'intense**	Insécurité	Apaisement	Manque de paix du cœur	Se ressourcer

* Théorie applicable à plusieurs dépendances.

** Chacun des styles de l'acheteuse cache une femme de passion.

Annexe 2

QUESTIONNAIRE

« MON STYLE D'ACHETEUSE »

ET FICHE D'IDENTIFICATION

PRÉNOM : _____

MON STYLE D'ACHETEUSE

À chacune des questions suivantes, noircissez la ou les cases-réponses qui vous décrivent le mieux.

1. Votre meilleure amie dirait que vous avez le style...

RAFFINÉ — de Jackie Kennedy ☐

SENSUEL — de la Vénus de Milo ☐

INTENSE — de la Joconde ☐

2. Vous vous identifiez davantage au style...

RAFFINÉ — de Jackie Kennedy ☐

SENSUEL — de la Vénus de Milo ☐

INTENSE — de la Joconde ☐

3. Votre meilleure amie dirait que vous ressemblez au lapin Energizer...

RAFFINÉ — qui réussit des choses sans en être satisfait ☐

SENSUEL — qui n'est pas centré sur ses besoins et qui s'ennuie ☐

INTENSE — qui vit de l'insécurité parce qu'on l'a brassé trop fort ☐

4. Vous diriez que vous ressemblez au lapin Energizer...

RAFFINÉ — qui réussit des choses sans en être satisfait ☐

SENSUEL — qui n'est pas centré sur ses besoins et qui s'ennuie ☐

INTENSE — qui vit de l'insécurité parce qu'on l'a brassé trop fort ☐

PRÉNOM :_____

FICHE D'IDENTIFICATION
MON STYLE D'ACHETEUSE

Combien de fois avez-vous donné comme réponse le style RAFFINÉ ?

0, 1, 2, 3 ou 4 fois :_____

Combien de fois avez-vous donné comme réponse le style SENSUEL ?

0, 1, 2, 3 ou 4 fois :_____

Combien de fois avez-vous donné comme réponse le style INTENSE ?

0, 1, 2, 3 ou 4 fois :_____

Le style qui revient le plus souvent est le vôtre !

Je suis une acheteuse de style :_____

Annexe 3

CARTES DE RÉPIT

Les cartes de répit

À propos de l'auteur

Surpris par une photographe alors qu'il faisait son shopping dans une chic boutique de la rue Crescent de Montréal, l'auteur parut dans un cahier spécial, « *Fashion in the street* », du journal *The Gazette*. Passionné de shopping, ce psychologue clinicien travaille au Centre québécois d'excellence pour la prévention et le traitement du jeu. Chercheur, il participe à l'élaboration de nouvelles théories, en fait l'évaluation et offre des sessions de formation à de multiples intervenants. Enfin, il possède cette franche capacité de vulgariser les concepts autrement inaccessibles.

CLAUDE BOUTIN
PSYCHOLOGUE

boutinc@ca.inter.net

Lectures suggérées

COELHO, Paulo. *L'Alchimiste*, Paris, Éditions Anne Carrière, 1994, 189 pages.

FISHER, Marc. *Le millionnaire*, Montréal, Éditions Québec Amérique, 1997, 119 pages.

GIBRAN, Khalil. *Le prophète*, Paris, Éditions Albin Michel S.A., 1991, 140 pages.

KINSELLA, Sophie. *Confessions d'une accro du shopping*, Paris, Éditions Belfond, 2002, 342 pages.

MONBOURQUETTE, Jean. *De l'estime de soi à l'estime du Soi : de la psychologie à la spiritualité*, Ottawa, Éditions Novalis, 2002, 224 pages.

WERBER, Bernard. *L'empire des anges*, Paris, Éditions Albin Michel S.A., 2000, 442 pages.

Remerciements

Un soleil à Codou Khoussa. Une mer à Édith Leclerc. Un tour du monde à Ghislain Fréchette. Un tour du monde avec Ghislain à Renée Brassard. D'autres découvertes à Robert Ladouceur. Une vie pleine et heureuse à Marie-Michelle Leblanc-Boutin. Un arc-en-ciel vers l'amour à Florence Alborghetti. Et une longue vie à Toutou *s-a-u-c-i-s-s-e*!

Merci Lily, André, Egide, René, Josée, Maryanne, Marguerite, Laurence, Henriette et Claire.

Merci la vie!

Au rayon des trouvailles